la contrebandière

Photo de la couverture : *Guy Dubois*

Maquette de la couverture : Jacques Léveillé

ISBN 2-7609-0092-4

la contrebandière

antonine maillet

THÉÂTRE/LEMÉAC

CRÉATION

à Montréal, le 30 avril 1981,
par le Théâtre du Rideau Vert
dans une mise en scène de Roland Laroche,
des costumes de François Barbeau,
l'éclairage et les décors de Robert Prévost.

LIEUX

L'action se passe dans un village côtier et en mer,
en Acadie, dans les années trente. Tout en exté-
rieur.

DÉCOR

Des dunes contre l'horizon-cyclo. Au premier
plan, côté jardin, le bout d'un quai sur pilotis. Le
quai se déplacera du côté cour, au deuxième acte,
alors que la forge des Gélas surgira du côté jardin.

Les scènes se succèdent comme si l'action évo-
luait sous la baguette magique du destin, repré-
senté ici par les cartes de Sarah. Dès le début, il
faudrait sentir le rôle de meneur de jeu chez Sarah
qui finit par perdre le contrôle de ses cartes et par
voir le destin lui échapper.

PERSONNAGES

MARIAAGÉLAS.... 25 ans, petite-fille de Gélas, jeune contrebandière sauvage et intelligente, belle, déterminée, passionnée et effrontée.

SARAH BIDOCHE.. 40 ans, tireuse de cartes, visionnaire pleine d'humour, à la fois témoin de la vie et voix du destin.

LA VEUVE À
CALIXTE .... 50 ans, dévote pie-grièche et semeuse de trouble, gardienne des mœurs du pays.

GÉLAS .... 70 ans, chef des contrebandiers et chef du clan Gélas, nostalgique du passé mais habile à manœuvrer le présent. Un renard.

FERDINAND....... 35 ans, connestable et officier de pêche, juste et avisé, brave, séduisant.

BASILE .... 45 ans, pêcheur et chef des braconniers, bon viveur, coléreux et naïf, un loup face au renard Gélas.

BIDOCHE . . . . 20 ans, fils de Sarah, doux et tendre, chien fidèle de tout le monde, idiot du village.

CASSE-COU . . . . 25 ans, homme à tout faire des contrebandiers, dévoué corps et âme à Maria.

POLYTE . . . . 35 ans, compagnon de Basile, clan des braconniers, crédule et peureux, amusant.

DISTRIBUTION

Viola LÉGER . . . . La veuve à Calixte

Louise MARLEAU . . . . Mariaagélas

Janine SUTTO . . . . Sarah Bidoche

Michel DUMONT . . . . Ferdinand

Éric GAUDRY . . . . Casse-Cou

Richard NIQUETTE . . . . Polyte

Gilles PELLETIER . . . . Gélas

Guy PROVOST . . . . Jo Basile

Michel SÉBASTIEN . . . . Bidoche

9

Antonine MAILLET est née à Bouctouche, au cœur de l'Acadie, dans le Nouveau-Brunswick. Après des études en arts et lettres aux universités de Moncton et de Montréal, elle obtient le grade de docteur ès lettres de l'Université Laval avec une thèse sur *Rabelais et les traditions populaires en Acadie*, qui sera publiée en 1971 par les presses de la même université.

En même temps qu'elle enseigne la littérature aux universités de Moncton, Laval et Montréal, Antonine Maillet entreprend une carrière d'écrivain de grand talent.

L'auteur de *La Sagouine* est lauréate de nombreux prix littéraires : Prix de la meilleure pièce canadienne, *Poire-Acre*, présentée au Festival de théâtre 1958 (inédite) ; Prix du Conseil des arts 1960 pour la pièce de théâtre *Les jeux d'enfants sont faits* (inédite) ; Prix Champlain 1960 pour le roman *Pointe-aux-Coques* ; Prix du gouverneur général 1972 pour *Don l'Orignal* ; Grand Prix de la ville de Montréal 1973 pour *Mariaagélas* qui se voit également décerner en 1975 le Prix des Volcans (France) et le Prix France-Canada ; Prix littéraire de la Presse 1976 ; le Prix des Quatre jurys 1978 pour *Les Cordes-de-Bois* ; le **Prix Goncourt 1979** pour *Pélagie-la-Charrette* ; enfin, en 1980, The Chalmers Canadian Play Award de Toronto pour *La Sagouine*, version anglaise de Louis de Céspedes.

Madame Maillet est titulaire de multiples distinctions hono-rifiques; elle a été nommée docteur *honoris causa* de l'uni-versité de Moncton, en 1972 *(Lettres)*; de Carleton Univer-sity, Ottawa, en 1978 *(Littérature)*; de l'Université d'Alberta, Edmonton, en 1979 *(Droit)*; de Mount Allison University, Sackville, en 1979 *(Littérature)*; de Saint Mary's University, Halifax, en 1980 *(Lettres)*; de Windsor University, Windsor, en 1980 *(Lettres)*; de Acadia University, Wolfville, en 1980 *(Lettres)*; de l'Université Laurentienne, Sudbury, en 1981 *(Lettres)*.

Ses titres: Officier de l'Ordre du Canada en 1976; officier des Palmes académiques françaises en 1980; Chevalier de l'Ordre de la Pléiade (A.I.F.L.F.), Fredericton; membre de l'Association des écrivains de langue française, membre de la Société des Auteurs et Compositeurs dramatiques de France; membre de la Société des Gens de lettres de France; membre de la Société Royale du Canada; mem-bre de l'Académie canadienne-française.

Œuvres d'Antonine Maillet traduites en anglais

Don l'Orignal, par Barbara Goddard (Clark & Irwin, 1978).
La Sagouine, par Luis de Céspedes (Simon & Pierre, 1979).
Pélagie-la-Charrette, par Philip Stratford (Doubleday), New York et Toronto. *À paraître.*

L'ensemble de son œuvre est publié chez Leméac, à Montréal. À Paris, Grasset a aussi publié les titres suivants: *La Sagouine, Mariaagélas, Les Cordes-de-Bois* et *Pélagie-la-Charrette.*

*Aux comédiens
qui ont créé cette pièce*

LA CONTREBANDIÈRE

ACTE I

Sarah Bidoche, au milieu d'une scène vide, mêle les cartes dans un grand geste, quand soudain le jeu lui échappe des mains et les cartes sont par terre. Elle reste une seconde interdite, comme si elle interrogeait le ciel, puis se jette à genoux et se met furieusement à rassembler les cartes éparpillées à grandeur de scène. Soudain, elle s'arrête et lit les cartes ainsi disposées par le sort.

SARAH

Des rois et des valets. Et du trèfle, point de pique... Tiens ! si, une dame. Dame de pique : tout le monde la connaît, la garce. Mais ça nous prendrait une petite affaire de rouge pour en faire un pays comme les autres. Un petit brin de cœur pour un change. On a beau dire, ça ferait du bien aux côtes d'oublier de temps en temps ses marées et ses vents du large, et de... sapristi ! un as ! Un as de carreau qui est venu se planter là entre les rois

17

et les valets et... les dames... doux séminte! J'ai comme une idée que le pays va point s'ennuyer c't'année.

Sarah se frotte les mains puis ramasse les cartes qu'elle mêle de nouveau dans un geste triomphant, cette fois sur le quai.

SARAH

Voyons voir. Le monde est point aisé, c'est vrai, et chaque chrétien fait ce qu'il peut avec la vie qu'il a. Avec le temps qui lui est alloué. Le temps, le pays, la chance et le mauvais sort, et débrouillez-vous!

Elle étend les cartes et lit.

...Un dix là, juste entre la dame et le valet... puis deux rois face à face, et... un sept, marde! dangereux un sept... Il manque l'as... as de pique ou de carreau?

Elle tourne une carte

Ma grand-foi Dieu, si c'était pas de blasphémer... eh bien oui, mes aïeux, c'est un as de cœur, je l'ai point cherché, c'ti-là, il a surgi tout droit dans mes cartes, que personne me blâme pour ça. C'est écrit là. Une sacrée belle main pour commencer une journée, un sacré de beau jeu, Messieurs Dames!

Elle renifle le temps, sourit, triomphante, et crie.

SARAH

Hé, Gélas! y aura-t-i' du nouveau dans le temps aujourd'hui?

Entre Gélas qui examine le temps.

GÉLAS

M'est avis qu'il est au beau, Sarah. T'as rien qu'à lire la mer et le firmament.

SARAH

Moi je lis dans les cartes. C'est la seule chose sûre et qui dit toute la vérité.

GÉLAS

Cherches-y voir, dans ce cas-là, le joker qui s'a faufilé c'te nuit entre le large et la dune pour empêcher une goélette de décharger.

Sarah examine ses cartes.

SARAH

Il porte des culottes, ton joker, et un mackinaw.

GÉLAS

Quoi d'autre?

SARAH

Et un suroît les jours de mauvais temps.

GÉLAS

Et il dort la nuit et soupe à six heures, comme de raison. Tu pourrais pas te forcer un petit brin plusse et me dire si je dois le guetter au nord ou au sû du pont?

SARAH

Depuis quand c'est que les ennemis des Gélas logeont du même bord que les bootleggers?

GÉLAS

Les verrats! Je m'en doutais que c'était les pêcheux, ces maudits braconniers. Dis-tu la vérité, Sarah Bidoche?

SARAH

Je la dis point, je la fais à mesure, hé, hé! Mais une fois qu'elle est faite, ça reste la vérité.

GÉLAS

Il me payera ça, le pêcheux de petits homards et le brosseux de femelles. Et c'est à qui, à ton dire, la sorcière, qu'appartient le bâtiment qui barre la route à ma goélette la nuit? Comment c'est que tu le nommes de son petit nom?

SARAH

Du petit nom de son père qui portait itou le nom de son père qui portait c'ti-là du sien, comme c'est coutume au pays... Ben si tu te vires la tête du bord de l'est, t'aviseras peut-être quelqu'un qu'a déjà vu quelqu'un qu'a vu quelqu'un, qu'a vu l'ours.

Gélas se tourne et voit s'en venir Basile.

GÉLAS

Salut, Basile à Basile à Basile à Pierre.

BASILE

Gélas à Gélas à Gélas à Louis, à toi pareillement.

GÉLAS, *sournois*

J'ai entendu dire qu'y a des poulains, apparence, qui entreprenont de bloquer l'entrée de l'étable aux juments, ces derniers temps?

BASILE, *même ton*

Ah! bon? Ça serait-i par adon les mêmes juments qui pas plus tard que deux jours passés mangiont dans l'auge des poulains, comme j'ai entendu dire, moi?

GÉLAS

Si fait, par rapport que l'auge des poulains était chargée d'une avoine qui leur appartenait point non plus, qu'on m'a rapporté, c'est pour ça que certaines bêtes dans l'étable auriont eu des comptes à régler entre elles. Que j'ai entendu dire.

SARAH

Si ça continue sur ce ton-là, tu finiras par croire, Sarah, qu'y a des granges qui sont parties en mer et du bétail qui navigue au large.

GÉLAS, *menaçant*

Je t'avertirai point deux fois, Basile aux Basile à Pierre : si jamais un braconnier de pêcheux veut faire massacrer ses trappes ou ses filets, il a rien qu'à laisser sa doré dériver entre les goélettes et la pointe, la nuit. Va leur dire ça !

Gélas s'éloigne. Basile lui montre le poing.

BASILE

La mer est à tout le monde, ça s'adonne. Et les pêcheux ont point l'intention de quitter la dune ou la pointe à personne, pas même aux contrebandiers de bootleggers de hors-la-loi ! Peuh !

SARAH

Hors-la-loi, hi ! Tu connais quelqu'un qui est dans la loi sur nos côtes ? À part du connestable qu'a été conçu et mis au monde et nommé d'en haut pour la faire respecter, pour votre malheur.

Basile aperçoit Ferdinand qui s'amène.

BASILE

Faire respecter la loi, ha! Un gars du nord qui connaît même pas les coutumes du pays.

FERDINAND

Ça me surprend que vous êtes point en mer un lundi matin, Basile.

BASILE

Pour une fois, un officier de pêche a le nez sur la preuve que tous les pêcheux sont point des braconniers.

FERDINAND, *souriant*

Sans doute parce que le temps est à l'orage.

SARAH, *devant ses cartes*

Le temps est au beau.

FERDINAND

Avec la lune mouillée qui s'est levée hier soir?

SARAH

C'est écrit dans les cartes, et même la lune peut rien contre ça.

BASILE

Une lune qui même mouillée éclairait la nuit dernière des voiles qu'étiont point en voyage de noce sur la mer.

Ferdinand s'assombrit; Sarah ricane; Basile triomphe.

BASILE

C'est malaisé à comprendre ce qui se passe dans la tête d'un homme de loi qui s'amuse à courir après des poulains quand c'est que les juments sont au large!

Ferdinand reste perplexe et cherche à comprendre.

SARAH

Tiens! Nous v'là repartis dans la chevalerie.

FERDINAND

Les juments et les poulains devraient savoir que la loi traitera pareillement tous ceux qui se moqueront d'elle: qu'ils s'appellent bootleggers ou braconniers.

BASILE

Ça sera point si aisé. Par rapport que...

SARAH

...Par rapport que les braconniers et les boot-leggers avont besoin les uns des autres.

BASILE

...ben qu'ils pouvont, les uns les autres, se passer de la loi.

FERDINAND

À leur place, je m'en moquerais pas trop vite de la loi. Elle a son mot à dire sur les côtes comme ailleurs.

BASILE

Pas trop vite, nenni, juste ce qu'il faut pour point laisser la vie avoir le mal du pays.

Basile s'éloigne en ricanant, laissant Ferdinand agacé. Celui-ci se tourne vers Sarah qui jette un œil de côté tout en continuant de lire ses cartes.

SARAH

...Cœur... carreau... trèfle! Je crains que j'ayons de l'orage après toutte.

FERDINAND

Pas besoin des cartes pour dire ça. C'est déjà assez bien parti, Dieu de Dieu! Quel pays!

SARAH

Oh!... une carte est point la fin du jeu; on peut tout le temps en revirer une autre et...

Entre en trombe la Veuve à Calixte.

SARAH

Qu'est-ce que je disais... pique!

VEUVE

Par où c'est qu'est passé le Basile? ...Ah! c'est vous ça le nouvel officier. Connestable, asteure! C'est bien la première fois que j'ons l'un des nôtres pour s'en venir faire respecter la loi chez nous.

FERDINAND

Bonjour, Madame Calixte.

VEUVE

Tiens! il connaît déjà son monde. Comme ça, vous venez du nord, que j'entends dire? Ça fait rien, vous êtes du pays et de notre race. Ça sera pas plus aisé pour vous. Mais pour nous autres, au moins je parlerons la même langue. Je peux vous dire tout de suite de quel bord vous virer la tête si vous cherchez...

FERDINAND

Mais c'est vous qui cherchiez le Basile, que j'ai cru entendre?

VEUVE

J'ai un mot à y dire au chenapan. *(Puis, sournoise:)*... Mais peut-être bien que c'est de quoi qu'un pêcheux comme lui prendrait mieux venant de la bouche d'un officier de pêche comme vous.

Sarah et Ferdinand échangent un regard complice.

SARAH

Je pourrions même avoir une tempête de mer.

FERDINAND, *soupirant*

Et quel est le message qu'il doit apporter aux pêcheux, l'officier?

VEUVE, *confidentielle*

Quelqu'un a rapporté que quelqu'un avait vu quelqu'un forter dans ses trappes, l'autre bord de la dune.

FERDINAND

J'ai comme une idée qu'on a point fini de forter, personne.

Il s'éloigne.

VEUVE, *satisfaite*

En v'là toujou' ben deux qu'auront point le temps de faire du trouble durant un bon bout de temps. Asteure il reste les Gélas. Parce que j'ai comme une idée que le vieux brasse quelque chose depuis une escousse.

SARAH

Il brasse de la bière aux mères dans sa cave, tout le monde le sait.

VEUVE

Il brasse des plans flambant neufs. Vous avez remarqué qu'il va plus en mer, le vieux Gélas?

SARAH

Ses rhumatisses qui le reprenont à chaque automne.

VEUVE

Y a point un bardeau ni un lumbago qui garderaient un Gélas au logis quand c'est qu'une seule doré flotte au large. Je connais ça et c'est point à la Veuve à Calixte qu'ils feront des accroires. Y a du nouveau sus les Gélas, j'en démords point. Et j'ai comme une idée...

SARAH

Bon, je crois ben que c'est le temps d'aveindre une dame de mes cartes, une dame de quelque chose... une dame... eh ben! qui c'est qui l'eût cru: une dame rouge!

On entend un grand rire de loin. La Veuve se retourne, inquiète. Sarah jette à peine un œil par-dessus son épaule. Entre alors Mariaagélas, enjouée.

VEUVE

C'est pourtant point le jour des Morts pour entendre ricaner les corbeaux. Où c'est qu'elle va, la Mariaagélas?

MARIAAGÉLAS

Elle va à ses affaires, par le chemin du roi.

VEUVE

Les affaires des Gélas sont jamais leurs affaires tout seuls. Si une personne allait fouiller leur cave ou leur grenier...

MARIAAGÉLAS

...C'te personne-là y laisserait le bras sur les Gélas, hormis qu'elle aille fouiller avec son nez.

VEUVE

La vaurienne!... *(Sournoise.)* Comme ça, le grand-père Gélas serait repogné de rhumatisses, que j'entends dire? Ou ça serait-i' le lumbago?

MARIAAGÉLAS

Lumbago?... Qui c'est qui rapporte des pareilles menteries sur les Gélas? Le grand-père a jamais été si ben portant.

Sourire de la Veuve, malaise de Sarah.

SARAH

Par rapport qu'un homme qui sort plus en mer... pourrait laisser croire que...

MARIAAGÉLAS, *qui a compris*

Pantoute, Sarah! Mon grand-père Gélas sort plus en mer par rapport que... qu'il a vendu son bâtiment et se trouve, comme qui dirait, à pied.

VEUVE

Pas possible! Et j'en ai rien su!... Et, c'est qui, si c'est point indiscret, qui l'a achetée, la goélette du Gélas à Gélas?

Mariaagélas hésite, puis plonge.

MARIAAGÉLAS

...Sa propre fille, Claraagélas, disparue en mer, y a passé quinze ans.

La Veuve et Sarah restent interloquées, ce qui donne le temps à Mariaagélas de se recomposer une attitude.

SARAH

Y a des jours où c'est que les cartes m'échappont des mains.

VEUVE

Claraagélas! C'est pas Dieu possible! Ben...
ben je croyais qu'ils contiont que...

MARIAAGÉLAS

C'est ce qu'ils contiont, dix ans passés. Mais
dans dix ans, y en a coulé de l'eau sous les ponts.

VEUVE, *en s'éloignant*

Ah! c'était ça le nouveau que je sentais dans
mes reins depuis quelque temps. Faudra y voir.
Claraagélas...

Elle sort.

SARAH

Y a-t-i' de quoi de vrai dans ce que tu viens
de dire, Mariaagélas?

MARIAAGÉLAS

Pas un mot.

Les deux femmes éclatent de rire.

MARIAAGÉLAS

Mais à partir de l'instant que la Veuve à
Calixte s'en empare, même la plus grosse menterie
tourne au vrai. Avant le soleil couchant, Sarah,
tout le nord du pont parlera de la goélette vendue
à la tante Clara; et au petit jour demain, la pa-

roisse entière se mettra en frais de la ramener au pays.

SARAH

Hi, hi! sang de Gélas ne ment point. Mais c'est dangereux de jouer avec les morts... Après, quoi c'est que tu feras?

MARIAAGÉLAS

Après les bouteilles, c'est les cruches ; après les cruches, les ponchons.

SARAH

Quoi c'est que tu feras de la Claraagélas que tu viens de ressusciter?

MARIAAGÉLAS

Tu crois vraiment qu'elle a passé de l'autre bord, la Clara?

SARAH

Les cartes même se taisont sus Claraagélas. Les dernières nouvelles que son père en a eues veniont d'une prison des États.

MARIAAGÉLAS

Et si elle y était encore? Pour les genses de notre monde, les prisons sont longues. Surtout pour une femme qui met le feu à la plus grosse shop à homard de tout l'est du pays. *(Fière.)* Tu te

souviens, Sarah? Avant Claraagélas, les filles en
âge sus nos côtes aviont pas le choix: servantes
sus les gros, ou dans les shops. Les shops! Les
doigts écorchés à décortiquer les pinces de homard, les pieds dans la vase et la saumure, le nez
dans les quarts de poisson pourri... durant douze
heures d'enfilée... Personne se plaignait, pas un
esclave, durant trois générations... jusqu'au jour
où c'est que la Claraagélas, oui une Gélas... Et ils
viendront dire après ça... Raconte, Sarah.

SARAH

Le jour qu'elle en a eu assez, Clara, elle a ôté
ses bottes, et arraché son mouchoué de cou, et
accroché son tablier sus la poignée de la porte. Et
là, elle s'a allumé une cigarette *Players,* en prenant
le temps de ben mouiller ses lèvres et renifler le
tabac; et avant de quitter la shop et de happer une
goélette qui levait l'ancre pour les vieux pays...

MARIAAGÉLAS

...elle a laissé timber doucement sa cendre
comme ça dans une tache d'huile...

SARAH

...et quand c'est qu'ils lui avont fait son pro-
cès, y avait déjà belle heurette qu'elle flottait sur
les mers du sû, la grande Clara... Ils l'avont rat-
trapée un an plus tard sus les côtes du Pacifique.

MARIAAGÉLAS, *fière*

Mais après ça, y a plus eu jamais de shops pour les filles à Gélas.

SARAH

Et y a des filles à Gélas qui avont point l'air de s'en plaindre.

MARIAAGÉLAS

Par rapport qu'y avait peut-être mieux que les shops. Et fallit quelqu'un pour montrer le chemin aux autres.

SARAH

C'est dommage que pour ça, la pauvre Clara...

MARIAAGÉLAS

Mais ils le feront point à d'autres, Sarah. Point à Maria, en tout cas. Par rapport que la Maria, ça i' a pris un siècle pour apprendre...

SARAH

Un siècle? T'en as à peine touché le premier quart.

MARIAAGÉLAS

Trois ou quatre générations de Gélas m'avont appris à me défendre... contre les gros, contre les boss, contre la loi...

SARAH

Une loi qui pour une fois est pas trop mal représentée. Le nouveau connestable...

MARIAAGÉLAS

Comme les autres, le nouveau connestable! Pour jouer au plus fin avec Maria... il aura besoin de porter son casque haut sur le front.

SARAH

Il le porte assez haut, comme de fait.

MARIAAGÉLAS

Tu crois que tu me fais peur? Je veux voir un petit officier essayer de tiendre tête au dernier rejeton des Gélas.. Depis tout le temps que le vieux braille la disparition en mer de ses garçons puis de sa fille, c'est moi, Maria, qui vas i' montrer qu'il lui reste du monde au logis. Je sais porter des bottes, ça s'adonne. Et je saurai montrer au petit morveux de connestable descendu du nord que les Gélas avont point l'intention de s'occuper plusse de la loi que la loi s'est occupée des Gélas durant les cent ans que j'ons dû nous cacher dans les bois. Pour une fois qu'une loi fait l'affaire des esclaves... la prohibition! quelle belle marde! C'est à notre tour, Sarah, tu trouves pas?... Un bon matin, le pays s'est réveillé pour voir les marées hautes leur garrocher d'autres choses que des épaves et de l'écume, comme d'accoutume... On aperçoit des voiles à la barre d'horizon, des goélettes pesantes qui se dandinont de bâbord à tribord, chargées de rhum des îles et de vin de Saint-Pierre et Miquelon. Tu peux les blâmer, les esclaves des côtes, les hors-la-loi, d'écarquiller les yeux devant une si belle flotte et de s'en aller une petite affaire renifler à bord?... Point de shops à homard pour la dernière fille des Gélas, Sarah Bidoche. Dorénavant, y a toute la mer qui chaque matin s'en viendra i' chatouiller les pieds... Et malheur à c'ti-là qui s'élongera le cou entre la flotte et la cave des Gélas.

Elle fait le geste de couper un cou.

SARAH

Je suis mieux de recommencer mon jeu; je crains que ma main ait trop tourné de grosses cartes du premier coup... Prends garde, Mariaagélas, l'été est point encore achevé et déjà tu grattes la terre pour y aveindre de force les récoltes d'automne.

MARIAAGÉLAS

Point de temps à perdre, Sarah. La prohibition durera point l'éternité. Et c'est la première et peut-être ben la dernière chance des Gélas.

Maria siffle et appelle.

MARIAAGÉLAS

Hou-hou!

SARAH

Je crois que je peux serrer mes cartes pour l'instant. Le jeu est fait.

Elle part, puis s'arrête.

SARAH

Et c'est point un petit morveux, Maria.

MARIAAGÉLAS

Qui ça?

SARAH

Le nouveau connestable.

Elle disparaît. Maria lui crie:

MARIAAGÉLAS

Qu'il aille se faire pendre, le connestable!

Arrive Casse-Cou.

CASSE-COU

Eh ben, c'en fait un de moins.

MARIAAGÉLAS

Approche, Casse-Cou.

CASSE-COU

J'ai fini.

MARIAAGÉLAS

Fini quoi?

CASSE-COU

Le trou.

MARIAAGÉLAS

Le trou? Voyons, crache!

CASSE-COU

Le trou du bœu'.

MARIAAGÉLAS

Le trou du bœu'? Tu fais des trous aux bœufs, asteure?

CASSE-COU

Je fais un trou sous le piquet où c'est qu'est attachée la chaîne qui amarre le bœu' à son piquet. T'as compris?

MARIAAGÉLAS

J'ai compris qui c'est qui s'a approché de la cruche que j'ai trouvée à moitié vide à matin.

CASSE-COU

Ma main sur le cœur, j'ai jamais approché la goule d'un goulot...

MARIAAGÉLAS

Ben t'es fou, et je me fierai plus à toi. Mais parle-moi du trou que tu fais sous le terrain du bœu'.

CASSE-COU

Y a un bœu', O.K.?

MARIAAGÉLAS

Je sais.

CASSE-COU

Et le bœu' est amarré.

MARIAAGÉLAS

À une chaîne amarrée à un piquet.

CASSE-COU

C'est ça. Asteure, mettons qu'un pêcheux ou un connestable ou...

MARIAAGÉLAS, *illuminée*

J'ai compris. Le bœu' de garde, gardien de nos cruches! Je creusons notre cache sous les pattes d'un taureau. Ha, ha! Ça, par exemple! Qui c'est qui a pensé à ça?

CASSE-COU

Gélas.

MARIAAGÉLAS

Sacré Gélas! Qui c'est d'autre qu'aurait imaginé ça. Si j'avais pu y penser avant lui. Asteur, il te faudra trouver mieux, Maria, si tu veux i' prouver que la rejetonne des Gélas peut remplacer ses rejetons. Il faut l'éblouir, le grand-père, lui écarquiller les yeux, lui faire faire a-a-a-h! devant la Maria... Sais-tu ce qui nous manque, Casse-cou?

CASSE-COU

Des ponchons de bois d'épinettes, une voile de misaine, une Ford à pédales...

MARIAAGÉLAS

Un revenant.

CASSE-COU

Un revenant?

MARIAAGÉLAS

Va me qu'ri' le Bidoche... Nous faut un revenant flambant neu'.

CASSE-COU

Le Bidoche? Un revenant? Ben il est encore en vie, le pauvre fou. Tu t'en vas point le...

MARIAAGÉLAS

Tu connais le chemin du Portage?

CASSE-COU

Ben sûr, j'y passe une partie de mes jours.

MARIAAGÉLAS

Et le chemin des Amoureux, tu connais?

CASSE-COU

J'y passe mes nuits.

MARIAAGÉLAS

Et quoi c'est que tu fais au bout du Portage?

CASSE-COU

Je décharge des bouteilles et des cruches.

MARIAAGÉLAS

Et au chemin des Amoureux?

CASSE-COU, *gêné*

Je... je...

MARIAAGÉLAS

Tu décharges, bon. Mais t'as jamais pensé, dans ta petite tête, que si tous ceux-là qui te barront les pattes au Portage pouviont se trouver au chemin des Amoureux, t'aurais le champ libre pour vider ta goélette?

CASSE-COU

Et quoi c'est que le revenant de Bidoche vient faire là-dedans?

MARIAAGÉLAS

Hé, hé!... Va dire à mon grand-père Gélas que Maria i' fait dire que... que les vaches sont dans le blé d'Inde.

CASSE-COU

Les vaches sont dans le blé d'Inde. Il va comprendre ce qu'il doit en faire, lui, des vaches?

MARIAAGÉLAS

Il comprendra ce qu'il doit faire de toi, empioche. Va.

Casse-cou se sauve.

MARIAAGÉLAS

Et toi, Mariaagélas à Gélas à Gélas, débrouille-toi avec ton Bidoche. Mets-y au bout de sa ligne de quoi qui fera mordre toute la paroisse.

Elle part et croise la Veuve.

VEUVE

Ça serait-i' que la mer charrisse de quoi de mauvais pour que la Mariaagélas se tenit du bord du quai?

MARIAAGÉLAS

Ça c'est point des affaires de personne ce que fait sur le quai la Mariaagélas.

VEUVE

Depuis quand c'est que les affaires de la paroisse sont plus des affaires à personne, asteur?

MARIAAGÉLAS

Les affaires à Mariaagélas sont point des affaires de la paroisse non plus, la Veuve.

VEUVE

Mais dans ce cas-là, il est grand temps que la paroisse s'en mêle.

MARIAAGÉLAS

Qu'elle s'en mêle une petite affaire trop, et y aura peut-être une paroisse qui saignera du nez.

VEUVE

Ah! l'effarée! Ç'a plus aucun respect du monde ni de la paroisse.

MARIAAGÉLAS

Qu'elle mange de la marde, la paroisse!

Elle se sauve. La Veuve s'attrape la tête.

VEUVE

J'aurai sa peau!

Elle s'en va. Arrive Bidoche qui se met à pêcher. Il monologue à la manière d'un simple d'esprit.

BIDOCHE

Sœur Aurélie m'a promis que c'te année, je marcherais dans la procession... Oh! point tout à fait dans la procession, point avec les autres, je sais pas mes prières sur mes doigts... et je sais point garder le pas... mais je pourrai suivre, de loin... elle me l'a dit... je ferai tout son jardinage au printemps, et c'te hiver, je pelleterai la neige sur les marches du couvent.

Apparaît Maria qui s'approche doucement, mine de rien.

MARIAAGÉLAS

Salut, Bidoche! Tu prends de quoi, à matin?

BIDOCHE

Je... j'attrape des fois des...

MARIAAGÉLAS

C'est le nigogue que ton père t'a baillé avant de mourir?

BIDOCHE

C'est... c'est...

MARIAAGÉLAS

Ça fait combien d'années qu'il est mort, le vieux Bidoche ?

BIDOCHE

Hein ?... ben c'est quand c'est qu'il a trépassé...

MARIAAGÉLAS

Comme de raison. Mais y a combien de temps ?

BIDOCHE

...qu'il a trépassé de la grippe espagnole avec tous les autres défunts, l'année de la grande pidémie, qu'ils contiont.

MARIAAGÉLAS

Ouais... ça veut dire qu'il est quasiment encore chaud, ton pauvre père. Tut-tut-tut, quelle compassion !

BIDOCHE

Ben y a plusieurs années qu'i' l'avont enterré.

MARIAAGÉLAS

Enterré?... c'est point assez d'enterrer un homme de nos jours. Et puis, comment c'est qu'ils les avont enterrés, ces pauvres défunts de la grippe espagnole? Ça, ton défunt père pourrait nous en compter là-dessus. Apparence qu'ils vous empiliont les moitié morts avec les vrais défunts dans une charrette à bœu', et qu'ils vous les enterriont au pied de la croix sans cérémonie.

Bidoche est estomaqué.

MARIAAGÉLAS

Des morts enterrés comme ça, moi je m'en méfierais. Je me méfierais des moitié défunts enterrés à la grosse sans que le bedeau ayit le temps de bien verrouiller le cercueil. J'irais point rôder au ras le cimetière autour de la Toussaint... ni au ras le cimetière, ni au chemin des Amoureux.

BIDOCHE, *épouvanté*

Au... au chemin des Amoureux?

MARIAAGÉLAS

Ben c'est-i' point là que ton père rôdait le plus souvent, de son vivant?

Bidoche lâche son nigogue et se sauve.

MARIAAGÉLAS

À la Toussaint, y aura trois goélettes qui s'approcheront des côtes. C'te fois-citte, le grand-père Gélas va peut-être remercier la mer de lui avoir laissé une fille dans sa descendance. Mais auparavant, il faut l'avertir qu'il a vendu sa goélette à sa fille Clara.

Elle s'éloigne. Revient Sarah qui examine le temps et jette un œil à ses cartes restées étalées sur le bout du quai. Elle en tourne une ostensiblement. Aussitôt apparaissent Gélas et Casse-Cou qui transportent des cruches ou roulent un baril.

GÉLAS

Qui c'est qui s'en vient là?

CASSE-COU

Mariaagélas, la fille de votre garçon.

GÉLAS

Mon garçon qu'a même pas pu me bailler des gars avant de bâsir.

CASSE-COU

Ben Maria...

GÉLAS

Maria, il i' manque de pouvoir pisser deboutte.

Arrive Maria. Elle se met aussitôt à aider les hommes.

MARIAAGÉLAS

Pas comme ça, Casse-Cou. Quitte-moi faire.

Elle se charge alors des cruches sur une épaule et sur la tête, comme font les Africaines.

GÉLAS, *admiratif*

La plus belle créature des Gélas depuis... depuis la grande Clara.

MARIAAGÉLAS

Ça fait combien d'années qu'elle a bâsi, grand-père?

GÉLAS

Ta tante Clara est le genre de fille qui peut ressoudre un matin de Noël avec une piroune farcie et parée à manger et qui se met à table en nous criant par-dessus l'épaule: «Il neige à matin.»

MARIAAGÉLAS

Et qui roule ses manches, et qui dénige ses bottes du grenier, et qui prend la mer sus ton bâtiment la nuit.

GÉLAS

Et qui traverse les lignes, habillée en femme du docteur, avec ses jupes gonflées de rhum et de whiskey blanc.

MARIAAGÉLAS

Par les États! Dry America!

GÉLAS, *qui soupire*

Pauvre Clara... Sa paillasse vide fait un trou au logis. Il reste ben des paillasses vides au logis des Gélas.

MARIAAGÉLAS

Asteure faut nous occuper des paillasses pleines.

GÉLAS

Ça prendrait un homme de plusse sus les Gélas.

MARIAAGÉLAS

Je l'ai trouvé.

GÉLAS

Comment tu dis ça?

MARIAAGÉLAS

Même les morts pouvont revenir.

GÉLAS

Blasphème pas, Maria, ça porte malheur. Puis, j'ons assez des vivants sus les bras. J'ai vu de loin le nouveau connestable. C'est point sûr que j'y mettrons le collier aussi aisément à c'ti-là qu'au regretté Newcomb. Et puis il est de notre race.

MARIAAGÉLAS

Notre race! un connestable-douanier-officier de pêche! Le temps me dure de l'avoir dans ma dent creuse, le nouveau connestable.

GÉLAS

Pas si vite. Il a point les yeux dans sa poche, ni les côtes sus le long, c'ti-là.

MARIAAGÉLAS

Il aurait-i' des yeux en demi-lune et des épaules de caribou, il a le casque de l'officier et ça, je crache dessus.

Elle crache.

GÉLAS

Il a tout ça... Mais v'là ta chance pour cracher pour vrai. Roulez le baril sous le quai.

Arrive Ferdinand. Maria est visiblement impressionnée.

FERDINAND

Salut, Gélas!

GÉLAS

Connestable, salut!

FERDINAND

C'est vous le forgeron, que j'ai entendu dire?

GÉLAS

Y a-t-i' queque chose que je pouvons faire pour vous?

FERDINAND

C'est rapport à une jument...

GÉLAS

Amenez-la. Casse-Cou, va préparer l'enclume et sors quatre fers.

FERDINAND

Une jument qui mangerait dans l'auge des poulains, qu'on m'a rapporté. Certains pêcheux ont porté plainte.

GÉLAS, *furieux*

Amenez-moi les pêcheux, dans ce cas-là. Je vas voir à leur mettre moi-même les fers aux pieds.

51

MARIAAGÉLAS

Et tant qu'à allumer la forge, grand-père, pourquoi pas ferrer itou les officiers qu'avont peut-être l'intention de se rendre sur la glace, c'te hiver? Sur la baie, la nuit, un étranger qui connaît point le pays pourrait se casser la gueule.

Elle crache. Ferdinand en reste béat de surprise et de fascination. Il finit pourtant par se ressaisir.

FERDINAND

C'était de bonne guerre, Gélas. Je vous ai averti des plaintes contre vous. Je pourrais itou vous prévenir que j'ai le mandat de fouiller les hangars et les forges, et de saisir tout ce qui ressemble à un baril, une bouteille ou une cruche.

GÉLAS

Dans ce cas-là, allez vous saisir de la présidente du Tiers ordre et des Dames de Sainte-Anne.

MARIAAGÉLAS

Oui, elle se nomme la Veuve à Calixte et elle ressemble à une cruche à point dire la différence.

Ferdinand, découragé, hoche la tête.

MARIAAGÉLAS

Quant aux Gélas, leurs seules cachettes, ils les avont là-dedans. Mais ça, c'est point pour les étrangers du Nord !

Elle se frappe la poitrine. Ferdinand finit par sourire et s'en va.

MARIAAGÉLAS

Ouf !... C'est vrai qu'il a point les yeux dans sa poche... et qu'il fait point zire.

Gélas lui jette un œil surpris et intrigué. Black out.

On entend le vent ; nous sommes en mer. On voit bouger dans l'obscurité un mât, un beaupré, puis un fanal que tient Maria.

MARIAAGÉLAS

Casse-Cou, viens voir.

Apparaît Casse-Cou. Les deux sont ballottés par les vagues et regardent au loin.

MARIAAGÉLAS

C'est-i' un cutter ou un bateau de pêche ?

CASSE-COU

L'un ou l'autre, ça fait pas notre affaire. Virons de bord !

MARIAAGÉLAS

Trop tard, il nous a vus. Et puis *(Enjouée.)*...
je crois que c'est l'officier.

CASSE-COU

Sacordjé de bon Dieu, il va-t-i' faire fret en
prison c'te hiver!

MARIAAGÉLAS

Peureux! Depis quand c'est que je savons
point affronter un connestable en mer?

CASSE-COU

Depuis qu'il s'est gréé d'un cutter avec un
engin.

MARIAAGÉLAS

Chut! À l'ouest-suroît. Par les trappes à homard, vite!

CASSE-COU

Les trappes des pêcheux?

MARIAAGÉLAS

Huche aux hommes de la cale de monter
toutes les trappes à bords, grouille-toi.

CASSE-COU

Pas assez que t'as l'officier sus tes trousses,
tu veux les pêcheux en plusse?

MARIAAGÉLAS

Fais ce que je te dis. Pour une fois que le vieux Gélas me baille ma chance... Grouille, que je te dis.

Casse-Cou s'exécute. On voit dans l'ombre des hommes monter des cages à homards, y enfouir des bouteilles et tout jeter à l'eau.

CASSE-COU

Le homard, quoi c'est que j'en faisons?

MARIAAGÉLAS

À l'eau, empioche!

CASSE-COU

Marde!

De loin, on entend un moteur de bateau, puis la voix de Ferdinand.

FERDINAND

Au nom de la loi, restez où vous êtes. Je viens à bord.

MARIAAGÉLAS *crie*

J'ons point l'intention de grouiller d'icitte, la nuit est trop belle.

On voit Ferdinand sauter sur le pont.

FERDINAND, *surpris*

Hé ben ! ça parle au diable !

MARIAAGÉLAS

Faites comme chez vous, connestable, prenez une chaise.

FERDINAND

Je dois parler au capitaine.

MARIAAGÉLAS

Eh ben parlez, il vous écoute.

FERDINAND, *amusé*

Les temps ont changé. Y a pas si longtemps, les capitaines portaient des culottes et des bottes.

Maria allonge les jambes et exhibe ses bottes.

FERDINAND

Et ils avaient des mains caleuses et des épaules de caribou.

MARIAAGÉLAS

Ça les a point empêchés de se faire attraper par la sorcière de vent, leurs épaules de caribou, et de bâsir en mer un matin d'automne.

FERDINAND

La disparition des gars à Gélas devrait ouvrir les yeux aux autres, il me semble, et point les pousser à jouer un jeu trop dangereux pour des filles. Les lames de douze pieds peuvent bailler un sacré mal de cœur.

MARIAAGÉLAS

Point à ceuses-là qui avont le cœur au bon endroit.

FERDINAND

Dommage, le cœur d'une fille comme toi pourrait servir autrement mieux.

MARIAAGÉLAS

Quoi c'est que tu connais d'une fille comme moi ? C'est pour parler aux filles que les officiers accostont les goélettes, la nuit ?

FERDINAND, *qui se ravise*

Non, c'est pour parler au capitaine et lui ordonner de lui laisser fouiller la cale, comme c'est son devoir.

MARIAAGÉLAS, *crie*

Matelots, faites du chemin à l'officier. *(Ironique.)* Personne à bord empêchera le représentant de la loi de faire son devoir... Les femmes du pays avont appris jeunes à jamais empêcher les hommes de faire leur devoir.

Sourire fripon de Maria, gêné, de Ferdinand. Il disparaît. Maria reste sur le pont avec Casse-Cou.

CASSE-COU

Tout est nettoyé ; la dernière cruche est à l'eau.

MARIAAGÉLAS

Que le bon Dieu soit béni ! À qui c'était les trappes ?

CASSE-COU

Aux genses du Pont... du côté sû. Ils pêchont même le gros homard.

MARIAAGÉLAS

Un vrai braconnier a ça dans le sang : il pêche le gros homard en dehors de la saison ; et en saison, quand c'est permis, il pêche le petit qu'est tout le temps défendu. La démangeaison de faire de quoi de pas permis. As-tu vu ça !

CASSE-COU

Je comprends pas.

MARIAAGÉLAS

Chut ! le v'là.

Ferdinand revient, pas très satisfait.

FERDINAND

Il reste rien que l'envers de la coque à passer au peigne fin. Mais la nuit, un homme verrait pas grand-chose au fond de l'eau, éclairé d'un fanal.

MARIAAGÉLAS

Et ça serait risqué que l'eau de mer mouille la mèche et tue le fanal.

FERDINAND, *amusé*

Risqué surtout que le capitaine prenne l'officier pour une cruche et le laisse refroidir trop longtemps au fond de l'eau.

MARIAAGÉLAS

Tant qu'à ça, un officier qui risque de passer pour une cruche serait peut-être mieux de se faire pêcheux qu'officier de pêche.

FERDINAND

Ou de se faire bootlegger?

MARIAAGÉLAS

Je les connais pas. Mais de ce que j'ai entendu dire des bootleggers, ils quittont point leurs cruches refroidir longtemps et avont bétôt fait de s'en débarrasser.

FERDINAND

C'est ce que j'ai vu ce soir. Mais prends garde, Mariaagélas; si tu consens à jouer le jeu des hommes, faudra que t'en acceptes les risques. Et tu risques gros, à terre comme sur l'eau.

MARIAAGÉLAS

Aucun Gélas a jamais eu peur de l'eau, homme ou femme.

FERDINAND

Ni du serpent de mer? Ni de la baleine blanche?

MARIAAGÉLAS

Pas même du méchant loup qui hurle la nuit pour faire peur aux petits enfants. Peur de rien, rien entoute.

FERDINAND, *tendre*

Dommage, Maria. T'es pourtant une brave et belle fille, avec de la jarnigoine et de l'alément. Un homme avec une femme comme toi se plaindrait pas et te ferait des beaux enfants. Puis en attendant, y aurait bien d'autres moyens de faire ta vie.

MARIAAGÉLAS, *prime*

Servante sus les Jones ou les MacFarlane?... dans les shops à homard en Nova Scotia?

FERDINAND

Y a des shops au pays, sur nos côtes, une personne a point besoin de s'exiler.

MARIAAGÉLAS, *avec une colère rentrée*

Rallume ton fanal, officier, si tu veux retrouver ta frégate sans te faire mouiller. La lune va se coucher ben vite et tu pourrais perdre le nord. (*En plein dans sa face.*) Et souviens-toi que la dernière fille des Gélas mettra point les pieds aux shops, ni au pays, ni en Nova Scotia, jamais! Mets-toi ça dans la caboche, Ferdinand!

FERDINAND, *presque ébloui*

...Parfait, Mariaagélas. Dans ce cas-là, je serai obligé de te traiter comme tous les autres, comme les gaillards qui portent les bottes.

MARIAAGÉLAS

Et tu te souviendras du conte que ta grand-mère te contait, sur ses genoux, le conte du Petit Poucet qu'avait chaussé des bottes de sept lieues.

Ferdinand disparaît. Maria se penche et lui crie.

MARIAAGÉLAS

Et c'est le Petit Poucet qui l'a emporté sur le géant!

Elle éclate de rire. Puis, rêveuse...

MARIAAGÉLAS

Un sacré beau géant, tant qu'à ça. Une femme qui apercevrait un soir ses bottes à lui sous son lit...

CASSE-COU

Je levons les trappes?

MARIAAGÉLAS

Les trappes? Pour quoi faire?

CASSE-COU

Pour reprendre nos cruches, godêche de hell!

MARIAAGÉLAS, *qui le gifle*

Une personne jure pas à bord de mon bâti-ment, petit verrat, ça porte malheur. Et puis je quittons les cruches à l'eau jusqu'au matin, la fraîcheur leur fera point de tort... Par rapport que j'ai comme une idée que des officiers pourriont se promener sur la côte, c'te nuit, sans faire mine de rien. Cap au sû!

Le bateau disparaît. Le jour se lève lentement sur Sarah, devant ses cartes, assise au coin du quai.

SARAH, *se tordant de rire*

Ha, ha, ha!... pauvre Mariaagélas! Pour une fois, le renard s'a pris la queue dans son propre piège. Vingt-quatre belles cruches de pur rhum des îles, fraîchement troquées au large, d'une goélette venue tout exprès, ...ho, ho! deux douzaines de cruches dans les trappes des pêcheux! C'est le Basile qu'en a fait une chavari aux Gélas. Jusque sous les chassis à la Veuve que ç'a chanté et forlaqué durant trois nuits. Il en croyait pas ses yeux, le braconnier, et levait trappe après trappe...

Apparaissent Basile et Polyte, saouls comme des bottes, et gais à en pleurer.

BASILE

Polyte, mon ami, mon meilleur ami, mon frère de cœur... et de carreau... ho, ho, ho!

POLYTE

Et de goulot!... Si fait, je suis ton homme, Basile à... Basile hic! à Basile hic! à Basile à...

BASILE

...à Pierre!

POLYTE

Qui ça, Pierre? As-tu du Pierre Fou, toi itou?

BASILE

Hey!... surveille ta langue. Je suis un homme res-pec-table. Tous les Basile, six générations, tu connais ça un homme qu'a six générations? Donc six générations d'hommes respec-tables avont été nourris et mis au monde et pis conçus... conçus icitte sus c'te sol sacré.

POLYTE

Je me demande, moi, combien j'ai de généra-tions. Adam-et-Ève, Jacob, Isaac, Abraham, Noé...

BASILE

Tu sais quoi, Polyte ? Moi, j'ai venu au monde sus mon sol natal.

POLYTE

Pas vrai !

BASILE

Aussi vrai que je suis là. Une vie, une vie...

POLYTE

La plus belle vie de mon existence.

BASILE

Nenni, la plus res-pec-table. C'est ça, Polyte, tu comprends ? (*Pompeux.*) La vie d'un homme... tu comprends ?

POLYTE

Non.

BASILE

Moi non plus. C'est malaisé. La vie est une chienne.

POLYTE

C'est vrai... À cause?

BASILE

À cause d'une garce. Unc vaurienne qu'a brisé ma vie. Une forlaque. Tu la connais?

POLYTE

J'en connais plusieurs.

BASILE

As-tu connu Claraagélas?

POLYTE

La Clara? Mais c'était une Gélas du sû du pont!

BASILE

Je l'ai connue du temps du pont couvert.

POLYTE

Ah! bon.

BASILE

Ben elle a bâsi, Basile, asteur console-toi.

POLYTE

Il reste Mariaagélas, sa nièce. Une belle pelure, la Maria.

BASILE

Quoi c'est que tu dis, Polyte? Moi, le Basile à Basile à Basile à...

POLYTE

...à Pierre.

BASILE

C'est ça. Moi, le Basile, je loucherais du bord du sû?

POLYTE

Ben la Claraagélas...

BASILE

Le pont était couvert.

POLYTE

C'est vrai.

BASILE

Polyte, as-tu une petite idée, toi, de c'ti-là qui nous a fait c'te présent de Noël avant la Toussaint?

POLYTE

Deux douzaines de cruches... des pleines trappes... Ça doit venir des États.

Sarah éclate de rire. Les autres l'aperçoivent.

SARAH

Il manquait plus rien que ça dans mes cartes: le joker.

BASILE

Ben si c'est pas la Sarah Bidoche! Viens, Polyte, allons nous faire tirer aux cartes. Et peut-être que demain, je dénigerons le trésor du capitaine Kidd dans nos trappes.

Les deux pêcheurs s'approchent de Sarah.

SARAH

...Sept ...sept ...sept ...rien que des sept à matin. Quelle compassion!

Les ivrognes, qui n'y comprennent rien, sont naïvement attentifs.

BASILE

Un sept, c'est-i' de quoi de bon?

POLYTE

Je sais ben pas... y a les sept péchés capitaux, les sept vaches maigres...

BASILE

Mais les sept grasses itou...

POLYTE

...le prêtre qui parle sept langues, et les sept corbeaux qui annonçont des malheurs.

BASILE

Mais le septième du septième qui a un don.

SARAH

Un don qui tourne contre lui souvent. Faut jamais demander les dons, c'est lourd à porter.

BASILE

Moi je demande rien d'autre qu'une bonne prise dans mes trappes.

POLYTE

Une bonne prise comme c'telle-là de l'autre matin, tout embouteillée d'avance...

SARAH

Seigneur Jésus! Je viens de tourner le quatrième sept. Allez point au large aujourd'hui, pêcheux; la mer pourrait cacher des surprises.

POLYTE

Nous autres, je les aimons ben, les surprises en mer...

BASILE

Ha, ha, ha! des surprises de même, nous autres...

SARAH

C'ti-là qui vous les a baillées, malgré lui, les aime moins, apparence, et pourrait chercher à se venger.

BASILE

Qu'il venit donc se venger! J'ons rien fait que de lever nos trappes, comme d'accoutume, sans faire de tort à personne.

SARAH

En dehors de la saison.

BASILE

Ça, ça regarde point les bootleggers.

POLYTE

Manière de pas!

BASILE

C'est point de ma faute si deux hors-la-loi comme moi pis Gélas s'avont trouvés comme qui dirait au mauvais instant dans le mauvais endroit en même temps. Dans ces cas-là, y en a tout le temps l'un des deux qui emporte le morceau.

POLYTE

Il avait beau cacher ses cruches ailleurs, le bootlegger.

SARAH

Et si c'était point Gélas, le bootlegger qu'a farfouillé l'autre nuit dans vos trappes ?

BASILE, *qui s'assombrit du coup*

Quoi c'est qu'elle raconte, la sorcière ?

POLYTE

Si ça sortait point de la bouche à Sarah Bidoche, je dirais que c'est des menteries.

BASILE

Y a-t-i' quelqu'un d'autre à la barre des goélettes la nuit ?

POLYTE

Quelqu'un en rapport avec les îles ?

SARAH

Y a trois jours, vous avez point passé la nuit dans la forge, à jouer au poker avec Gélas ?

BASILE

Christ Almighty ! C'est vrai. Y a un deuxième renard dans le poulailler ! Faut avertir les pêcheux, Polyte.

Les deux pêcheurs partent en courant. Sarah éclate de rire.

SARAH

Pauvre Maria! Ça c'est i' jouer un ben mauvais tour, Sarah! Mais si la fille des Gélas peut point se défendre contre le gros Basile, comment c'est qu'elle fera pour affronter la mer et puis Crache-à-pic?... Et plus tard le Ferdinand? Faudra ben qu'elle y fît face un jour ou l'autre au connestable... Bel homme, le connestable... Allez! faut point quitter la terre virer tout le temps dans le sens de l'horloge. À quoi servirait une sorcière au pays si elle aidait point une petite affaire les cartes, hé, hé!... Dame de pique! Tiens, tiens!... c'est point encore aujourd'hui que la vie va s'ennuyer. *(Elle appelle:)* C'est-i' toi, la Veuve?

Apparaît la Veuve munie d'un pic. Sur la scène, un pieu auquel Casse-Cou a attaché une chaîne. Durant le monologue de la Veuve, la chaîne bouge, créant l'illusion d'un taureau en coulisse. Et nous assistons à une sorte de ballet entre la femme et la bête. Sarah agit en spectatrice de la danse.

VEUVE

Tu m'auras point, bête encornée! J'ai affronté pire qu'un taureau dans ma courte vie. Je sais ce que tu caches en dessous de tes pattes. Ben, prends ma parole, c'est moi qui vas l'éventer, ta cachette. Y a point un bœu' de garde de la paroisse, y serait-i' le taureau des Gélas, qui m'empêchera de faire mon devoir de chrétienne... Aie!...

Beuglement. Secousse de la chaîne. Affolement de la Veuve qui se sauve, puis revient.

VEUVE

Sacordjé de bête à cornes!... Mon Dieu, v'là qu'il m'a fait jurer, le petit verrat! Pardonnez-moi, Seigneur Jésus!

SARAH, *qui se tord*

Seigneur Jésus, entendez sa prière! Elle va se faire encorner.

VEUVE

Tu m'auras pas, Mariaagélas! Je m'en vas éventrer tes caches, l'une après l'autre, ça devrait-i' me prendre cent ans! Je suis Dame de Sainte-Anne, et présidente du Tiers ordre, et je quitterai pas les chenapans et mécréants mener une paroisse qui a une église consacrée. Contrebandiers, braconniers, ivrognes et forlaques! Ç'a assez duré. Et on nous annonce la réapparition de la Claraagélas en plusse, c'te déchet de prison? Je m'en vas moi-même me charger du grand nettoyage des côtes, oui, Seigneur Jésus! et ça, pour la Toussaint!

Sarah tourne ostensiblement une carte. Entre Bidoche, essoufflé et apeuré. Sarah s'en va.

VEUVE

Quoi c'est que ça, y a-t-i' quelqu'un qu'a mouillé ses hardes? Ça sent mauvais.

BIDOCHE

...C'est... mon père.

VEUVE

Ton père? Y a beau temps que ton père a cessé de sentir.

BIDOCHE

Une apparition... je l'ai vue.

VEUVE

Une apparition?... où ça?

BIDOCHE

Au chemin des Amoureux.

VEUVE

Le chemin des Amoureux? Quoi c'est que t'as vu là?

BIDOCHE

Un revenant... avec une robe blanche, qui huche des hou... hou... et qui s'escoue comme ça...

VEUVE

C'est yelle! C'est la Claraagélas qu'est revenue. La verreuse!

BIDOCHE

Non... c'est un revenant.

VEUVE

Une revenante, t'as raison, mais en vie,
c'telle-là. Je vas i' régler son compte à la forlaque.
Tu l'as aperçue au chemin des Amoureux, tu dis?
À nous deux, la belle Clara!

Elle s'éloigne d'un pas ferme.

BIDOCHE

Non, c'est mon père, c'est mon défunt père!

*La nuit tombe lentement sur Bidoche qui
monologue.*

BIDOCHE

Elle dit que c'est la Claraagélas. Mais moi je
sais que c'est mon père. Ils l'avont mal enterré,
mon défunt père, ça c'est vrai. Et pis, il avait dit
qu'il reviendrait haler les orteils au monde, autour
de la Toussaint. Chaque année, je l'ai espéré. Il
est jamais venu. C'te année, c'est lui. C'est sûr
que c'est lui.

Arrive la foule de partout, tous munis de fanaux et parlant ensemble. Il ne manque que Ferdinand et Casse-Cou.

VEUVE

C'est la Claraagélas, vous me ferez point dire le contraire.

MARIAAGÉLAS

Il dit que c'est son père.

POLYTE

Le sacré vieux Bidoche!

GÉLAS

Où c'est que tu l'as vu?

BIDOCHE

Là... entre ces deux arbres...

POLYTE

C'est sûrement le défunt Bidoche. Il se tenait tout le temps entre deux arbres.

BASILE

Et si c'était la belle Clara?

POLYTE

Elle a bâsi, Basile, ta Clara.

VEUVE

C'est personne d'autre que Claraagélas qu'a ressoudu de ses vieux pays pour revenir semer le trouble sur nos côtes.

BASILE

Claraagélas! reviens!

MARIAAGÉLAS

Quoi c'est qu'il disait, le revenant, Bidoche?

BIDOCHE

Il disait hou-hou et il s'escouait, comme s'il était saoul.

POLYTE

Je vous dis que c'est le vieux Bidoche.

MARIAAGÉLAS

Il est là! Je le vois!

Elle court et sème la panique dans la foule.

BASILE

Sacordjé! poussez pas! Si c'est la Clara, je veux la voir.

POLYTE

Faut faire venir le Ferdinand.

GÉLAS

Pourquoi c'est faire, Ferdinand?

POLYTE

Et pourquoi pas? C'est lui le connestable, qu'il nous débarrasse de ça!

MARIAAGÉLAS

Un officier, ça guette entre la mer et la terre ferme, point entre la terre et le paradis.

GÉLAS

C'est point si sûr que ça vient du paradis, c'te damné-là. Surtout pas si c'est le défunt Bidoche.

VEUVE

Sainte Mère de Dieu le Père! il a blasphémé. Allez qu'ri' de l'eau bénite.

POLYTE

Allez qu'ri le prêtre! pis les saintes huiles!

BASILE

Allez qu'ri' le Ferdinand!... Clara! Clara!

VEUVE

Moi j'ai encore rien vu. Qu'elle se montre voir, la Clara!

BIDOCHE

Là! là! regardez!

TOUS

Où ça?... Quoi c'est que tu vois?... C'est vrai, je le vois!... un revenant! Sauvez-vous!... Allons sus le Ferdinand!

Tous se sauvent. On entend des hou-hou! Puis Casse-Cou traverse la scène en portant à bout de mât un revenant en drap blanc. On entend des cris qui s'éloignent. Le jour se lève. Arrivent Casse-Cou et Maria qui se tordent de rire.

MARIAAGÉLAS

La paroisse a fait dans ses hardes!

CASSE-COU

Pis elle s'en a été passer le restant de la nuit dans la grange à Ferdinand, la paroisse, pour se dépeurer.

MARIAAGÉLAS

Oui, le connestable Ferdinànd a bercé toute la nuit la paroisse épeurée par les revenants, durant que trois pleines goélettes déchargiont à la pointe la plus belle cargaison de l'automne. Un baril de whiskey et hop!... une cruche de rhum et hop!... une caisse de vin... et hop!

78

CASSE-COU

Hop! dans le trou de la dune!

MARIAAGÉLAS

Durant que le pauvre officier expliquait à la paroisse *(Elle imite Ferdinand:)* «Voyons... voyons... vous savez bien que c'est des visions que vous avez eues.»

CASSE-COU

Et le Basile qui se lamentait: «Reviens, Clara, ma belle Clara!»

MARIAAGÉLAS

Et le Polyte: «C'est Bidoche! c'est le vieux Bidoche! Je le reconnais.»

CASSE-COU

Et le Ferdinand: «Pourquoi c'est faire donc que le Monsieur Bidoche reviendrait sur la terre après trois ans?»

MARIAAGÉLAS

Par rapport, que fit Gélas, «à la corde de bois derrière sa maison que le défunt a oublié de léguer dans son testament et qui pourrit là tout ce temps-là».

CASSE-COU

Et le Ferdinand qui fait: «Il me semble qu'une personne vient pas de si loin pour une corde de bois.»

MARIAAGÉLAS

Et la Veuve qui courait après la Clara...

CASSE-COU

Et le Bidoche après son père...

MARIAAGÉLAS

Et même mon grand-père qu'a fait semblant de croire au revenant de son garçon.

CASSE-COU

Avoir su que tant de morts se battiont pour revenir, j'aurions pu nous gréer de plusieurs revenants. La prochaine fois, je ressuscitons Newcomb, l'officier.

MARIAAGÉLAS

La prochaine fois, je trouverons un autre moyen d'éloigner le monde de la dune... Le monde, pis le connestable. Tu l'as vu qui louchait tout le temps de mon bord comme s'il se doutait de quelque chose?

CASSE-COU

J'ai rien vu, moi, j'étais sous le drap.

Chacun parle sans répondre à l'autre.

MARIAAGÉLAS

Il m'a examinée toute la nuit, de haut en bas.

CASSE-COU

Le pauvre fou de Bidoche a mouillé ses hardes.

MARIAAGÉLAS

Il a point les yeux dans sa poche, l'aïeul avait raison.

CASSE-COU

Et la Veuve à Calixte qui huchait à Basile que la forlaque de Clara était encore en vie.

MARIAAGÉLAS

Ni les yeux dans sa poche ni les côtes sur le long.

CASSE-COU *qui regarde au loin*

Regarde ce qui s'en vient du bord du nord.

MARIAAGÉLAS *qui ne l'entend pas*

Les shops, qu'il m'a dit... une brave et belle fille comme toi... le verreux !

CASSE-COU

La chipie a encore mis le nez dans nos affaires. Regarde.

Maria se réveille et aperçoit la Veuve.

MARIAAGÉLAS

La garce! Ben elle finira par avoir la courte haleine si elle essaye de renifler dans toutes les affaires des Gélas.

Les deux se sauvent. Arrive la Veuve en traînant un drap.

VEUVE

C'est le connestable qui va être fier de la preuve que j'i' apporte. Je sais ben pas ce que le pays deviendrait sans moi.

Elle sort. Sarah apparaît qui retourne à ses cartes. Elle en tourne une, puis deux autres coup sur coup.

SARAH

Il est temps que tu ressoudes, Gélas. Elle est encore jeune, Maria, pour brasser tant de choses d'un coup.

Apparaît Gélas.

GÉLAS

Salut, Sarah. Comme ça, apparence que ton vieux est point content du sort qui lui est fait de l'autre bord?

SARAH

Mon vieux me hale les orteils chaque nuit, et il a point besoin d'un drap pour faire ça.

GÉLAS

Hé, hé!

SARAH

Ni d'un drap, ni d'une poulie, ni de Casse-Cou pour le faire danser... Tu trouves pas que la Maria a beaucoup de fers au feu et qu'elle risque de se brûler les doigts aux entreprises des Gélas?

GÉLAS

Les Gélas? Y en reste plus ben gros. Une longue lignée pourtant. Sept ou huit générations du vieux Gélas, premier du nom, à son fils Louis, à Gélas à Charles, à Gélas à Gélas à moi Gélas, assez de Gélas pour se faire un nom sur les côtes, en attendant de se faire une vie.

SARAH

Et pour la première fois, le nom Gélas passe par une femme.

GÉLAS

Une femme transmet point le nom, ni le lignage.

SARAH

Pas même Mariaagélas? Moi, j'aurais cru que commencer un lignage avec la Maria, ça pouvait vous mener les Gélas ben loin... quasiment jusqu'au gouvernement.

GÉLAS

Le gouvernement! C'est ben la première fois qu'il se souvient de nous autres. Des générations à manger des navots et de la morue salée... La mer nous a point tout le temps garroché son dessus de panier. Mais tout d'un coup, v'là le vent qui vire, en une nuit, la nuit que le gouvernement s'assit tout le tour de la table et qu'il dit au monde: «Dumeshui, boire est défendu!» Boire, asteure! S'il avait dit, je sais pas moi, défense de travailler le mercredi, d'éternuer le dimanche, de dormir durant le prône, de s'habiller en se levant, une personne pouvait tout accepter ça. Mais défendu de boire!... j'ons jamais été si ben.

SARAH

Et j'ons jamais tant bu.

Les deux rient.

SARAH

Et Maria, quoi c'est que t'en feras?

GÉLAS

Maria?

SARAH

Oui, Maria, tu lui laisses ta goélette? et la mer? Et tu la largues dans les griffes du nouveau connestable?

GÉLAS

Les griffes du connestable? C'est plutôt lui que je devrons protéger contre Maria qui pourrait en faire une bouchée.

SARAH

Il est point empioche pourtant, c'ti-là. Il connaît point encore le pays, mais il a bonne tête.

GÉLAS

Bonne tête... Ça sera le baptême à la Maria. Si elle réussit à prendre au piège le Ferdinand, elle nous aura prouvé, Mariaagélas, qu'elle est une pur-sang.

SARAH

Mais avant de larguer la Maria dans les filets du connestable, assurez-vous, Gélas, de compter sur toutes les mouches qui bourdonnont autour de lui, jour et nuit. Viens voir.

Gélas s'approche de Sarah qui lui montre son jeu étalé. Et ils sortent tous les deux devant l'arrivée du connestable, ennuyé, et poursuivi par la Veuve qui lui met le drap sous le nez.

VEUVE

Vous reconnaissez ça, jamais je croirai. Dans notre pays, j'appelons ça un drap. Un drap, point une peau de revenant. Le vieux Bidoche, qu'ils contiont, puis la Clara. La Clara, peuh! Elle rôde sur les côtes, la Gélas, c'est certain, mais ben en vie et point au boutte d'une poulie accrochée à la branche d'un arbre. Vous êtes pourtant ben placé pour le savoir, vous, de quoi c'est qu'est capable une Gélas.

FERDINAND *réagit*

Moi, pourquoi?

VEUVE

Ben vous êtes connestable, non? Et tout représentant de la loi au pays a d'abord et avant tout affaire aux Gélas.

FERDINAND

Le représentant de la loi a aussi d'autres chats à fouetter.

VEUVE

Les braconniers, ben sûr, mais un pêcheux de petits homards et même un brosseux de femelles met point le pays sens dessus dessous comme un contrebandier. Ça, vous le savez, connestable.

FERDINAND

Je sais rien tant que j'ai pas de preuves.

VEUVE

Pas de preuves? Et le ricanement des Gélas qui se fait entendre par toutes les buttes du pays? et le sourire à la grandeur de la face de la petite garce de Maria? *(Exhibant le drap:)* Et ça?

FERDINAND

Ça c'est un drap, vous l'avez assez dit pour que je m'en souvienne. Et même si c'était la peau du revenant... rien me certifie que les Gélas ont trempé dans le coup.

VEUVE

Rien vous le certifie! Alors ça serait qui? les pêcheux? le Tiers Ordre? moi peut-être bien?

FERDINAND

Oh non! Tout le monde a pas autant d'imagination.

VEUVE

Et autant d'audace et de perversion. Les Gélas, ç'a tous les vices... à commencer par les plus vicieux.

FERDINAND

Les vices les plus vicieux.

VEUVE

En plein ça. Oh! ça se contente point de faire le mal; ça c'est le moindre mal. Leur âme est tou-j'ou' ben perdue depuis une bonne escousse. Mais ça entraîne les autres. La voilà, la perversion.

FERDINAND

Et comment ça?

VEUVE

Vous me le demandez? Mais où c'est que vous vous tenez la nuit?

FERDINAND

Dans mon lit. Et vous?

VEUVE

Vous auriez avantage à garder l'œil ouvert, certains jours.

FERDINAND

J'en vois assez comme ça.

VEUVE

Vous croyez?... Vous l'avez vu le vieux Gélas en mer, à la barre d'une goélette troquée contre une grange et les meilleures terres que son père i' avait léguées en hairage? Vous l'avez vu risquer sa vie et c'telle-là de ses garçons dans des aventures de contrebande défendue par la loi? Point un homme sur toutes nos côtes plus hardi que le Gélas. Assez vicieux qu'il y a même largué sa propre fille Clara, la prunelle de ses yeux, qu'il l'appelait, et que la v'là en prison à l'heure qu'il est, hormis qu'elle se cachit quelque part autour comme je suis portée à le croire... Et c'est pas tout.

FERDINAND

Pas encore?

VEUVE

La Maria, la fille du plus vieux de ses garçons, le Gélassagélas, c'ti-là qu'a bâsi en mer un jour d'automne, la forlaque de Mariaagélas serait au bord de prendre la relève, si j'en crois mon petit doigt.

FERDINAND

Votre petit doigt saurait pas mentir.

VEUVE

Vous devriez la voir, la garce, des bottes jusqu'aux genoux, les mains sur les hanches, les yeux effrontés et la crinière au vent, qui crache comme un homme, ce qui l'empêche point de minauder comme une chatte, la nuit... vous devriez voir ça.

Ferdinand, devant cette description allé-chante, est de plus en plus séduit.

FERDINAND, *à part*

J'aimerais bien! *(À la veuve :)* Et après?

VEUVE

Ça vous suffit pas?

FERDINAND, *gêné*

Oui... si fait... ça suffit. Une garce de même, ça suffit sur les côtes.

VEUVE

J'ai point de conseils à vous donner, connestable, mais à votre place, je me tiendrais proche des Gélas, la nuit. Et je ferais le lien entre une goélette à l'horizon et un revenant sur les côtes. Un homme averti en vaut deux...

Elle aperçoit Gélas au coin.

VEUVE

Le v'la, le chenapan. Tant qu'à i' parler, émoyez-vous donc de ce qu'est advenu de son

bœu' de garde qui avait l'air d'en savoir long sur
les Gélas.

En s'éloignant, elle lui crie :

VEUVE

Et comptez sur moi pour vous la ramener
dans un sac, la Clara, si elle est encore en vie.

FERDINAND

Elle serait capable de mettre tout le pays
dans un sac, puis de jeter le sac à l'eau, pour sauver son âme.

*Apparaît Gélas. Sarah rentre et retourne à
ses cartes.*

GÉLAS

Salut, Ferdinand ! l'orage va-t-i' passer au
loin et nous épargner, c'te fois-citte ?

FERDINAND

Le dernier orage vous a point empêché de
faire boucherie, apparence, avec un bœu' qui ris-
quait de révéler des secrets au monde.

GÉLAS

Hé, hé ! Les secrets du bœu', faut aller les
demander aux sœurs du couvent qui, en dehors du
carême et des avents, mangeont de la viande
comme tous les chrétiens.

FERDINAND

Vous vous en êtes débarrassé quand il a commencé à réveiller les soupçons de la loi, votre bœu'.

GÉLAS

Les soupçons de la loi, ou ben du Tiers ordre et des Enfants de Marie?... Racontars!...

FERDINAND

Et les cruches de whiskey et de rhum troquées pour du homard dans les trappes, c'était aussi des racontars d'Enfants de Marie?

GÉLAS

Hé, hé! c'ti-là qu'a fait le coup connaît point le prix du homard... ou du rhum.

FERDINAND

Et hier soir, ça?

Il exhibe le drap que lui a laissé la Veuve.

GÉLAS

Ma grand-foi, ça m'a tout l'air d'un drap.

FERDINAND

Et d'où c'est qu'il vient, à votre dire?

GÉLAS

Bien propre et empesé comme je le vois, je connais personne d'autre qu'une veuve qu'aurait pu coucher dedans.

FERDINAND

Pourtant vous étiez là, hier soir, vous savez de quoi je parle.

GÉLAS

Si j'étais là, c'est ben la preuve que j'étais point ailleurs. Et Maria non plus. Chaque fois qu'un drap va se mettre à gigoter au bout d'un câble entre deux arbres, allez-vous jeter le blâme sur les Gélas? ou chaque fois que les pêcheux allont se saouler au whiskey blanc? ou chaque fois qu'un bœu' fera des trous dans la terre?

FERDINAND

Des trous?... quels trous?

GÉLAS, *qui s'embrouille*

Vous m'avez parlé du trou du bœu' de garde...

FERDINAND

Non, Gélas, je vous ai parlé du bœu'; c'est vous qui creusez les trous asteure...

SARAH

Maudites cartes du diable! Trèfle, trèfle, trèfle! J'ai jamais vu une main si noire. J'en perds des bouts des fois.

FERDINAND

Faut point vous distraire, le vieux, et me fournir des renseignements que j'ai point demandés... comme ça vous creusiez des trous dans la terre, c'est ça?, avec le bœu' pour gardien de la cache?

GÉLAS, *qui se rattrape*

Point les Gélas, nenni; mais la Veuve à Calixte qui vous fournit tous vos renseignements, c'est celle-là qu'a vargé à coups de pioche jusqu'à sous les pattes du taureau. Elle a si bien ravagé mon champ que j'ai point eu besoin de labourer cet automne.

FERDINAND

Et quoi c'est qu'elle cherchait là, la Veuve, dans le champ des Gélas?

GÉLAS

Elle cherchait du trouble comme d'accoutume. Vous voulez ramener la paix sus les côtes? Enfermez la Veuve. La v'là votre gueuse de semeuse de bisbille.

FERDINAND

Ça suffirait pas d'arrêter le colportage de porte en porte ; faudrait fermer toute la mer.

GÉLAS

Et affamer le pays ?

FERDINAND

Assoiffer, vous voulez dire. La mer a tout le temps su nourrir les peuples qui la traitent bien. Mais vous autres, vous êtes les plus têtus et mal tournés que j'ai connus. Dès qu'une chose vous est permise, vous réussissez à en dénicher une de défendue. Durant la saison du maquereau, tout le monde se darde sur la morue ; au temps de la morue, on lève les trappes à homard ; et quand enfin arrive le homard, c'est du rhum qu'on trafique dans les trappes. Quoi c'est que la démangeaison, pouvez-vous me dire ?

GÉLAS

Je suis point un pêcheux de homard ni de morue, je saurais point vous dire. Mais je me figure qu'il faudrait chercher du bord des aïeux.

FERDINAND

Des aïeux ?

GÉLAS

Ils aviont point le choix, ceux-là, de faire de quoi de permis : tout leur était défendu. Ça fait qu'asteure, je le sais pas, mais je me dis qu'y en a qui devont avoir ça dans le sang.

FERDINAND

Ben faudra les saigner, ceux-là! Prenez garde, Gélas, je vous aurai averti.

Il s'en va d'un pas ferme.

GÉLAS, *seul*

Pas trop vite, l'officier du nord. C'ti-là qui manie la faux avec ses pieds risque de se couper les jarrets.

On entend un bruit de moteur, puis de collision. Sarah rejoint Gélas et les deux contemplent l'accident. Alors Casse-Cou vient rouler à leurs pieds, suivi de Maria qui s'époussette.

GÉLAS

Quoi c'est que le diable...

MARIAAGÉLAS

Le diable est dans la cabane.

SARAH

Comment c'est que tu nommes ce dragon-là?

MARIAAGÉLAS

Un Ford à pédales. Je l'ai acheté du petit Syrien, le peddleux de fil et coton à la verge.

GÉLAS

Acheté? Et avec quoi tu i' as payé?

Maria se pince le bec d'un air sous-entendu.

GÉLAS

Ah! ça par exemple, Maria! je sons dans le négoce des bouteilles, rien d'autre.

MARIAAGÉLAS

Rien d'autre. Mais ces bouteilles-là, faudra trouver un moyen de leur faire passer les lignes.

CASSE-COU

Le godêche de sacordjé de vieux bazou! Je m'en vas le dompter comme une jument.

Il sort.

SARAH

Quoi c'est qu'a arrivé?

MARIAAGÉLAS

Le petit peddleux a oublié d'i' montrer comment avancer de reculons. Ça fait que pour sortir du champ des sœurs...

GÉLAS

Quoi c'est que vous faisiez sus le terrain du couvent?

De nouveau Maria est pleine de sous-entendus.

GÉLAS

Écoute, Maria, t'es ben jeune encore pour prendre sus toi des pareils plans. Je t'ai quittée faire revenir un revenant à la Toussaint, sans m'avertir...

MARIAAGÉLAS

Et ç'a point réussi?

GÉLAS

Si fait, ç'a réussi, j'ons eu de la chance. Mais la chance suit point c'ti-là qui la tente une petite affaire trop. Apprends à garder ta place à l'avenir. Les lignes, les États, le Crache-à-pic, c'est du butin pour les hommes. Occupe-toi au pays de distraire la Veuve, par rapport que la chipie se montre plus dangereuse que j'avions cru.

MARIAAGÉLAS

La Veuve! Tu crois que c'est du butin à Marriagélas, ça? Une vipère, colporteuse, mangeuse de balustre, fripeuse de bénitier, qui s'escoue après nos bœufs et nos revenants, c'est ça que tu me bailles à moi, la fille de ton garçon?

GÉLAS

La fille de mon garçon a point encore affronté la sorcière de vent sus l'eau ; ni tenu tête à une goélette des Three Stars qui avance sus ton territoire la nuit ; ni gagné une bataille à brasse-corps avec des pêcheux qu'avont des racines de bouleaux à la place des coudes, et du sang de bœu' dans les veines.

MARIAAGÉLAS

Mais elle a sauvé une belle cargaison une nuit d'automne, en pleine mer, sans lever le poing, et avec dans les veines du sang quasiment transparent ; par rapport qu'elle a de l'esprit dans les méninges, la fille de ton garçon, et du cran, et une face qui sait parler trois langages en même temps ; et ça, y a point eu un seul des descendants de Gélas qu'a su le faire, hormis la Maria.

GÉLAS

Y a eu Clara.

MARIAAGÉLAS, *qui s'emporte*

Mais elle est plus là, Claraagélas ! Et elle aurait-i' fait mieux avec le revenant, et le rhum dans les trappes, et... et le Ferdinand ?

GÉLAS

Quoi, Ferdinand ? Quoi c'est que tu i' as fait ?

MARIAAGÉLAS

Rien. Rien encore. Mais quitte-moi le et tu verras ce qu'aucun autre Gélas aurait pu faire. Ils avont fait face à l'ouragan de mer, tes garçons, oh oui! et aux pêcheux enragés, et au Crache-à-pic en personne aveindu de ses îles. Mais ça, c'est la petite bière des bootleggers. Si fallit!... si fallit qu'un contrebandier de rhum et de vin de Saint-Pierre pouvit point affronter une goélette ou la dépouille de vent! C'est point ça qu'est malaisé. Le meilleur bootlegger sera c'ti-là qui pourra faire danser au bout de sa ligne le connestable.

GÉLAS

Mes garçons s'avont ben moqué du défunt Newcomb et avant lui de tous les autres.

MARIAAGÉLAS

Mais ils se moqueriont du Ferdinand?

ÉLAS

C'ti-là, je le sais pas...

MARIAAGÉLAS

Donne-moi ma chance, Gélas. Une seule fois. Quitte-moi te montrer que le Ferdinand, Maria seule l'aurait eu. C'est important, tu sais. La prohibition durera point. Et j'aurons d'icitte au printemps plusieurs cargaisons à décharger. Et le plus gros bâton dans nos roues nous viendra point des pêcheux, ni des Three Stars ou des autres boot-leggers, mais de la loi. Quitte-moi te prouver que le poisson qu'aurait pu attraper ta fille Clara, Mariaagélas, yelle, va le dévorer tout rond.

Gélas reste ébloui devant le charme et la dé-termination de Maria. Il lui passe son suroît.

GÉLAS

Crache-à-pic est un bootlegger qui recule de-vant rien, Maria; mais apprends qu'il navigue tou-jours avec le vent en poupe, et qu'il attaque ja-mais à tribord à cause d'une blessure de sa coque. Ça fait qu'espère-le tout le temps à gauche et attaque-le avec le vent de face.

Maria comprend que Gélas a cédé et va la tester. Elle est surexcitée mais s'efforce de se contenir.

MARIAAGÉLAS

Vent de face, y a rien que j'aime comme un vent de nordet qui te fouette en pleine face. Quitte-moi faire, grand-père Gélas.

GÉLAS

Mais auparavant, montre à Casse-Cou comment dompter sa jument ou prends toi-même les cordeaux.

Gélas sort. Maria laisse éclater sa joie de-vant Sarah.

MARIAAGÉLAS

Youpie! Asteur Crache-à-pic, à nous deux!

SARAH

Crache-à-pic? Je croyais qu'il se nommait Ferdinand, ton poisson?

Elle tourne une carte dans un geste étudié et annonce.

SARAH

As!

Entre Ferdinand qui reste d'abord surpris d'apercevoir Maria. Puis les deux se font face comme dans une arène.

FERDINAND

Je viens de parler au Bidoche.

MARIAAGÉLAS

Ah bon? Vous avez dû refaire le pays, avec le Bidoche.

FERDINAND

Pas le pays, mais j'ai refait le chemin qu'avait traversé le revenant à la Toussaint. Un dangereux de chemin pour un fantôme qui vient de si loin.

MARIAAGÉLAS

J'ons plus les fantômes que j'avions, la nouvelle génération aurait moins fret aux yeux, apparence.

FERDINAND

Si peu, que ça finit par oublier de garder sa place et par faire de quoi de pas permis pour un revenant.

MARIAAGÉLAS

C'est ben la preuve que ça vient de loin, c'te revenant-là: faire de quoi de pas permis, tut-tut-tut!

FERDINAND

C'est pas permis, par exemple, d'oublier sa peau de ce côté-ci. Un revenant qui reste tout nu sur ses os aura de la misère à retrouver le chemin de retour, et finira par se déclarer.

Maria comprend que le coup est éventé. Elle change de tactique.

MARIAAGÉLAS

Un revenant tout nu... ça doit quand même être quelque chose à voir! Je voyons si peu de choses sus les côtes... Flambant nu, t'as qu'à ouère!

Ferdinand a senti l'amorce. Il va essayer de ne pas tomber dans le piège.

FERDINAND

Je sais pas pourquoi faut s'amuser à jouer aux revenants dans un pays qui a tant d'autres désennuis.

MARIAAGÉLAS

Lesquels ?

FERDINAND

Mon Dieu, regarde autour. Une forêt sauvage qui cache les plus belles bêtes d'Amérique.

MARIAAGÉLAS

Défense de chasser l'ours ou l'orignal ni de prendre au piège le castor pour la peau.

FERDINAND

Et une mer qui va jusqu'au bout du monde, toute gonflée de poissons.

MARIAAGÉLAS

Défense d'y toucher en dehors de la saison ni d'y naviguer la nuit.

FERDINAND

Et la terre, des champs en friche immenses, à perte de vue...

MARIAAGÉLAS

Défense de la défricher, de s'y établir, de l'appeler son pays. Défense, défense, défense! Ce mot-là vous a jamais écorché les oreilles à vous? Vous auriez point envie une bonne fois de faire comme chez vous, comme c'est coutume de dire au pays, et de vous imaginer que cette terre où vous vivez est à vous tout d'un coup et que personne viendra au bout de l'année vous rappeler que vous êtes icitte rien qu'en attendant, et que bétôt faudra ragorner vos affaires encore un coup par rapport que...

Elle s'arrête, honteuse d'avoir faibli... tandis que Ferdinand, ému et ravi, tente de s'approcher d'elle.

FERDINAND

Elles sont belles les filles du pays qui se figurent qu'elles vivent dans le pays des autres. La terre est à celui-là qui la défriche et la cultive et s'y loge. Ils sont chez eux, les Gélas, sur les côtes, et ils ont pas besoin de tricher avec la loi pour gagner leur dû. La mer c'est leur dû, et les bois aussi, et les champs. Comme à tout le monde.

MARIAAGÉLAS

C'est leur dû parce qu'ils l'avont pris, sans le consentement des gouvernements et des officiers.

FERDINAND

Jadis, peut-être. Mais aujourd'hui, le pays est à tout le monde.

MARIAAGÉLAS

Aujourd'hui il est trop tard. Fallit point nous quitter nous accoutumer durant six générations à nous débrouiller tout seuls. Aujourd'hui que le vent vire et que je l'ons dans le dos, faut point demander aux Gélas de changer de vie.

FERDINAND

T'as raison, Maria. Sauf que la tienne, ta vie, y a point un Gélas qui la fera à ta place. Ça fait que t'es pas obligée de la jouer toute entière comme ça au profit de la lignée.

MARIAAGÉLAS

La jouer?

FERDINAND

Tu la risques chaque jour. Pourtant, t'en as rien qu'une, comme tout le monde. Une seule vie, c'est pas beaucoup. Tu pourrais en faire tant de choses.

MARIAAGÉLAS

Crocheter des tapis les soirs d'hiver, pis marcher dans la procession à la Fête-Dieu, pis me bercer sur la galerie l'après-midi en criant à la

Veuve à Calixte que le petit à Polyte a encore des coliques et que faudrait ben songer à le purger à l'herbe à dindon... Je pourrais faire tant de choses avec ma vie!

FERDINAND, *qui rit*

...Et la Veuve à Calixte ferait porter par Mariaagélas la bannière à la Sainte Vierge et elle prendrait la tête de la procession...

MARIAAGÉLAS

...et elle marche les yeux baissés et la tête de travers, comme ça, et elle met un pied devant l'autre sans regarder et hop! elle s'arrête d'un seul coup et fait basculer toute la procession.

Elle s'arrête d'un coup, suivie de près par Ferdinand qui l'attrape dans ses bras. Les deux se regardent surpris, hésitants, puis c'est lui qui la tient serrée contre lui et lui parle avec une passion qu'il s'efforce de contenir.

FERDINAND

La paroisse aurait jamais vu une si splendide et vivante procession. Le pays aurait jamais été aussi heureux que le jour où c'est que Mariaagélas se serait rangée de son bord.

MARIAAGÉLAS, *abasourdie*

Mariaagélas? du bord du pays?... pourquoi faire?... comment faire?...

FERDINAND

Rien. Juste ça. Vivre. Laisser le vent la pousser dans le dos de temps en temps... Pas toujours avancer à contre-courant. Se laisser faire, une fois, une toute petite fois... Se laisser faire, bon Dieu !

MARIAAGÉLAS, *qui se ressaisit*

Vous jurez, connestable.

FERDINAND

Le diable avec le connestable ! Tu pourrais pas m'appeler Ferdinand ? Maria... Maria...

MARIAAGÉLAS, *qui se dégage*

Maria-à-Gélas !

Rideau

ACTE II

L'action se passe dans le même village cô-
tier, mais avec le quai côté cour et la forge
des Gélas côté jardin... comme si l'œil du
spectateur avait bougé vers la gauche pour
voir un autre angle du village.

Le rideau se lève sur les hurlements de la
Veuve à Calixte à l'abri dans la forge. La
foule bouge autour. Seule Maria se tient à
l'écart, sur le quai, jouant avec les cartes de
Sarah. Gélas et Basile, de chaque côté de la
forge, exhibent chacun une énorme paire de
pinces. On aperçoit, entre les têtes, la Veuve
qui se tient la joue. Il ne manque que Ferdi-
nand.

POLYTE

Vas-y, Basile, c'est toi le plus fort.

CASSE-COU

Envoyez, Gélas, c'est vous le forgeron; et au pays, c'est le forgeron l'arracheux-de-dents.

SARAH

Quoi c'est qu'a arrivé?

Durant la conversation qui suit, la Veuve se lamente; tandis que Maria, éclairée par un spot, reflète sur sa figure toutes les réponses aux questions de la foule sur l'accident de la Veuve.

CASSE-COU

Contez-nous ça, la Veuve. Avez-vous roulé en bas du cap?

POLYTE

Ben non, je l'ons trouvée devant la chapelle des sœurs.

BASILE

Ben quoi c'est qu'elle allait faire dans la chapelle en c'te saison? C'est point encore la Fête-Dieu.

BIDOCHE

Ben... c'est à cause... c'est à cause...

GÉLAS, *qui le coupe*

C'est à cause des Quarante Heures ou ben des Rogations.

BASILE

Pour un Gélas, il en connaît des dévotions tout d'un coup.

SARAH

Faut lui arracher la dent, elle a la mâchoire de travers.

BASILE

Y a-t-i' quelqu'un qu'a essayé d'i' casser? On dirait qu'elle a reçu un coup. As-tu vu de quoi, Bidoche?

BIDOCHE

...l'estatue...

Polyte revient avec les morceaux d'une statue de la Vierge.

POLYTE

Ça se pourrait-i' que la Sainte Vierge lui aurait timbé sur la tête?

BASILE

Y a-t-i' quelqu'un qu'a averti le Ferdinand? *(Bidoche sort.)*

111

GÉLAS

Quoi c'est que vous i' voulez, à l'officier?

BASILE

Par rapport que si c'est point un accident...

CASSE-COU

Le connestable pourra toujou' ben pas mettre la Sainte Vierge en prison.

SARAH

La Veuve, conte-nous comment ç'a arrivé. Où c'est que tu te tenais?

VEUVE

...hapelle...hapelle des hœurs...

BASILE

Ç'a arrivé à la chapelle?

POLYTE

C'est-i' l'estatue?

VEUVE

...haria...haria...

GÉLAS

Ah! pour un haria, c'en est tout un.

BASILE

C'est point de Maria qu'elle voudrait parler?

Bidoche revient avec le Ferdinand.

BASILE

V'là le connestable; qu'il nous montre ce qu'il sait faire.

FERDINAND

Un accident?

GÉLAS

Ç'a tout l'air.

BASILE

C'est pas si sûr.

FERDINAND

Faut commencer par lui redresser la mâchoire, on fera l'enquête après. Y a point d'arracheux-de-dents au pays?

Gélas et Basile s'avancent en même temps. Maria suit la scène.

FERDINAND

C'est des pinces à cheval, ça.

CASSE-COU

Pour une goule de jument, c'est ben ce qu'il faut.

FERDINAND

Vous risquez d'i' arracher la mâchoire avec ça. Et pis, faut lui endormir le mal. Personne aurait de quoi pour endormir un mal de dent?

Il fait le tour des têtes, mais personne ne bouge. Alors il sort un flasque de sa poche.

FERDINAND

Par chance, j'ai trouvé celui-ci pas loin de la chapelle des sœurs. Quelqu'un avait dû l'oublier là, longtemps passé.

CASSE-COU

Qui c'est qu'aurait dit ça des sœurs, asteure!

FERDINAND

Tenez, la Veuve, avalez ça et vous sentirez plus rien.

MARIA, *à l'écart*

C'est du pur Hand Brand! Il va la tuer.

Tous regardent, presque scandalisés.

SARAH

Vous allez point le diluer, une petite affaire?

Ferdinand verse l'alcool dans le gosier de la Veuve qui hurle... puis gargouille... puis se calme... puis se met presque à chanter. Tous éclatent de rire, y compris Maria.

FERDINAND

Asteure, elle est prête. Sarah, arrachez-lui la dent.

Gélas et Basile laissent passer Sarah en tendant leurs pinces. Mais la sorcière les dédaigne tous deux, sort des pinces beaucoup plus petites de sa poche de tablier, et s'approche de la Veuve qui est de plus en plus gaie. On entend un petit cri de la Veuve; on voit le bras de Sarah se lever puis exhiber la dent arrachée. Hourrah et procession de tous qui portent la Veuve presque en triomphe. Ferdinand, en sortant, toise Gélas et Maria.

FERDINAND

V'là à quoi ça sert le petit-blanc.

Gélas et Maria restent seuls.

GÉLAS

Comme ça, Maria, c'est rendu que t'attires les loups dans les pièges à renards, asteure?

MARIAAGÉLAS

Moi?

GÉLAS

Joue point avec moi, Mariaagélas. Le piège de la chapelle des sœurs était point destiné à la Veuve à Calixte, mais au connestable. Qui c'est qui l'a prévenu?

MARIAAGÉLAS

Ma main sus le cœur, j'ai rien dit au connestable. Et s'il s'avait rendu à la chapelle avant la Veuve, c'est lui qui recevait la Sainte Vierge sus la gueule.

GÉLAS

Et comment ça se fait que c'est la Veuve qui s'a rendu là la première?

MARIAAGÉLAS

Par rapport que la Veuve est tout le temps la première rendue partout ...surtout dans les églises et les chapelles.

GÉLAS

Pas c'telle-là, ma fille. La chapelle du couvent est fermée tout l'hiver, c'est ben pour ça que j'ons risqué d'y cacher notre meilleure marchandise. Queque chose l'a attirée là. Qui?

MARIAAGÉLAS

Bidoche.

GÉLAS

Bidoche? Et quoi c'est que le Bidoche faisait autour de la chapelle au printemps?

MARIAAGÉLAS

Il allait porter les lampions de la Sœur Aurélie en attendant la Fête-Dieu.

GÉLAS, *méfiant*

Écoute, Maria, je sais point trop ce que tu manigances, mais y a de l'anicroche là-dessous. Et j'aime point ça. Le piège était là pour y éloigner le connestable. Si t'as l'intention à l'avenir de te ranger de son bord...

MARIAAGÉLAS

Moi, une Gélas, du bord de la loi?

GÉLAS

Pas de la loi, non, jamais je croirai. Mais peut-être ben d'un de ses représentants.

MARIAAGÉLAS

Quitte-moi me rendre aux lignes faire tes commissions au Grand Vital, et tu verras, Gélas à Gélas, de quel bord se tient la fille de ton garçon.

GÉLAS

J'aime mieux te voir comme ça, Maria, que...

Maria supporte son regard avec hauteur.

GÉLAS

...j'aime mieux te retrouver comme ça. Et le Basile? Comment tu vas i' barrer les jambes au braconnier? La pêche va recommencer sitôt les glaces parties. Et il va encore nous faire du trouble.

MARIAAGÉLAS

Quand les glaces auront bâsi, le Basile s'apercevra que son bâtiment a bâsi avec.

GÉLAS

Quoi c'est que tu dis?

MARIAAGÉLAS

L'autre jour, à marée haute, y a un courant qu'a passé tout proche des côtes, sans faire exprès, et qu'a frôlé le botte à Basile qu'était couché sur sa coque pour l'hiver. Le bâtiment a été assez surpris qu'il s'a redressé sur le dos, a regardé passer le courant, et a parti après, sans avertir. Ça fait que ça me surprendrait que Basile retrouve son bateau de pêche à la fonte des neiges.

GÉLAS

Hé, hé! Sacrée Maria!... Va avertir Casse-Cou de bailler du foin à sa jument à pédales. Vous vous rendez aux lignes. Je me charge de faire dire au Grand Vital que les vaches seront dans le blé d'Inde à tel endroit, telle heure. Mais arrange-toi, Maria, pour que ni les Three Stars ni l'officier se rendiont aux États avant toi.

Gélas entre dans sa forge et en ferme les portes. Maria va partir quand elle voit Sarah se rendre à son quai.

MARIAAGÉLAS

Ça parle-t-i' de moi là-dedans, Sarah?

SARAH

Hi, hi, hi! la Sainte Vierge, qui casse la mâchoire du Tiers ordre! Il reste plus rien qu'à Maria à s'en aller se faire sœur au couvent. Et là j'aurons tout vu sur les côtes, hi, hi, hi!... Mais à sa place, je retarzerais pas trop à prendre le voile, par rapport que la Veuve... j'ai comme une idée que le jour qu'elle va retrouver ses sens, elle va se souvenir de ses chiffres puis mettre deux et deux ensemble et... pssst!.. percé le mystère de la niche au-dessus de la porte de la chapelle! hi, hi, hi!

Maria, durant les paroles de Sarah, sourit comme s'il lui venait une idée originale. Puis elle tourne elle-même une carte dans le jeu de Sarah.

119

MARIAAGÉLAS

Cache-moi cet as-là, Sarah. J'ai trop de fers au feu pour l'instant. Et une personne doit faire son choix.

Elle se sauve.

SARAH

Et c'était l'as de cœur, faut-i' ben! ...Tiens! deux rois face à face: trèfle et carreau. Les cartes avont tout le temps de ces surprises qui quittont point une personne s'ennuyer. *(Elle crie vers la coulisse:)* Salut Basile! Si c'est le Gélas que tu cherches, il est dans sa forge!

Entre Basile d'un pas décidé.

BASILE

Dans sa forge, hein? À forger quelle sorte de plan, c'te fois-citte? D'abord c'est la Veuve à Calixte qui se fait estropier sans que personne comprenit comment; puis c'est les pêcheux qui voyont leurs bâtiments bâsir, un beau matin, mystérieusement, sans que personne en eût de nouvelles. Faudra qu'il me baille des explications, le Gélas.

Gélas, en entendant les cris de Basile, sort de la forge.

GÉLAS

Quoi c'est que ce warwari sus mon devant-de-porte?

BASILE

Comment ça se fait que t'en as encore un, toi, un devant-de-porte, quand c'est que tous les gens du pays perdont leurs avoirs, corps et biens?

GÉLAS

Si t'as perdu ton bien, Basile, plains-toi à qui de droit. Quant à ton corps, si mes yeux me trompont point, je dirais que je l'ai devant moi, cherche-le point ailleurs.

BASILE

Me plaindre à qui de droit, hein? Ben c'est justement ça que je m'en vas faire droit asteure. Y a quelqu'un de nommé pour ça.

GÉLAS

Si fait, nommé par le gouvernement pour faire respecter la loi sus les côtes: la loi sus la morue, la loi sus le homard, la loi sus le saumon...

BASILE

...et c'telle-là sus le rhum, le whiskey et le petit-blanc.

GÉLAS

Ben oui. Ça fait que le jour que la loi se fera respecter, comme ça doit, plus de petit homard en hiver, plus de saumon en été, et plus de rhum ni de whiskey tout le reste du temps.

BASILE

Y en a qu'auront le bec à l'eau c'te jour-là.

GÉLAS

Oui, Monsieur, le bec à l'eau, par rapport qu'ils pourront plus l'avoir autour du goulot d'une cruche de blanc. (*Il rêve.*) Hand Brand... c'était le meilleur, les Three Stars avont beau dire.

BASILE, *concédant*

Ah! pour ça, c'était le meilleur.

GÉLAS

Quand je pense que j'y avons eu droit, nous autres, avant tous ceux du nord ou de l'ouest.

BASILE, *cédant*

Avant ceux-là du sû, tant qu'à ça.

GÉLAS

Les hommes des îles me faisont rire avec leurs Three Stars.

BASILE, *qui rit*

Three Stars! Christ Almighty! Donne-moi une cruche de Hand Brand pour un baril de Three Stars!

Arrive Polyte en courant.

POLYTE

Basile, ils avont trouvé ton bâtiment.

BASILE

Comment tu dis ça? Où?

POLYTE

Au bout de la dune, échoué sur les glaces. Ben pas mal massacré, ton pauvre bâtiment.

BASILE

Christophe Cartier! *(Il se tourne vers Gélas:)* Eh ben, Gélas? Si c'est ça le jeu que tu joues, faut nous le dire, ça sera œil pour œil, botte pour botte.

GÉLAS

Minute, Basile. T'oublies que c'est point moi le connestable au pays, ni l'officier de pêche. Depuis quand c'est que les Gélas s'en prenont aux pêcheux?

BASILE

Depuis qu'un poulain un jour a mangé dans l'auge de la jument.

GÉLAS

Comme ça tu veux dire, Basile aux Basile à Pierre, que le pêcheux qui déterrait mes caches l'automne passé, et volait mes cruches, c'était toi?

BASILE, *mal à l'aise*

C'est point ce que je dis...

POLYTE

C'est point comme ça que ça s'est passé.

GÉLAS

Et ça s'est passé comment, à ton dire?

BASILE

J'ons jamais rien volé à personne...

POLYTE

...j'ons rien que timbé un jour dans un trou de la dune où c'est que...

BASILE

...où c'est que quelqu'un, que je connaissons point, avait laissé traîner des cruches abandonnées...

GÉLAS

Abandonnées...

POLYTE

Oui.

BASILE

Par adon.

GÉLAS

Par adon...

BASILE

C'est ça.

POLYTE

En plein ça.

GÉLAS

Ah bon! C'est ben dommage pour c'ti-là qui laisse traîner ses affaires, hein!

BASILE

Hé oui!

GÉLAS

Faudrait jamais rien laisser traîner. Même pas ses trappes, ni sa doré. À la place des pêcheux, je laisserais même pas traîner ma Moonshine par rapport qu'ils pourriont avoir soif c'te été.

Les deux pêcheurs le regardent, inquiets.

GÉLAS

Hé oui!

BASILE

Veux-tu dire que ta goélette... que les cargaisons du printemps... quoi c'est que tu veux dire, Gélas?

GÉLAS

Je veux dire que l'été sera sec... hormis que quelqu'un retenit le connestable amarré sus la côte.

BASILE

Le Ferdinand?

GÉLAS

L'officier, le connestable, le bel homme, l'arracheux-de-dents qui fait pas mal.

BASILE

Peuh! tu parles! N'importe qui peut arracher même une mâchoire sans faire mal en saoulant le malade.

POLYTE

S'il m'avait passé son flasque à moi, j'y faisais chanter « It's a long way to Tipparary », à la Veuve à Calixte.

GÉLAS

Et quand je pense qu'il i' a fait boire mon meilleur Hand Brand! Espérez une minute, vous allez savoir de quoi je parle.

Il rentre dans sa forge.

BASILE

Maudit Ferdinand!

POLYTE

Depuis qu'il a arrivé au pays, le verrat... j'étions ben avant.

BASILE

Pêcheux, bootleggers, officier, un jeu à trois.

POLYTE

Trois as et le joker, la Veuve à Calixte.

Gélas revient avec une bouteille.

GÉLAS

Je l'ai mixé à l'eau de la grotte miraculeuse dans la cour du couvent.

Ils éclatent de rire et boivent.

GÉLAS

Tu te laisserais point arracher un vieux chicot à ce prix-là?

BASILE

Ha! ha! toute la goule, toute la goule!

POLYTE

Moi je le quitterais m'arracher...

Il boit.

POLYTE

...et tout ce qui vient avec.

BASILE

C'est c'te poison-là que ta goélette charriera au printemps?

GÉLAS

Le printemps est déjà venu, Basile. Les glaces avont commencé à craquer au large, on les entend. Crache-à-pic va se montrer le nez l'une de ces nuits.

POLYTE

Ma nuit de noces!

BASILE

Ben quoi que j'allons faire du connestable?

POLYTE

Faut le distraire, l'envoyer ailleurs.

GÉLAS

C'est point encore le temps des fraises.

Basile et Polyte sont déjà saouls.

BASILE

Si je pouvions... marde que c'est bon!... si je pouvions... y faire une chavari? Il serait ben obligé de rester au logis.

POLYTE

Une chavari de vingt-six jours comme c'telle-là de.. de... du dernier veuf qu'a pris femme sus les côtes.

GÉLAS

Si j'espérons que le Ferdinand prenne femme, le Crache-à-pic aura eu le temps d'accoster.

POLYTE

Cassons un autre chicot à la Veuve; ça, ça gardera le connestable occupé à faire l'arracheux-de-dents.

GÉLAS

Ou d'i' casser un bras et obliger le Ferdinand à se faire rabouteux?

Rires.

GÉLAS

Non, ce qui faut au pays, c'est un bon vieux frolique.

BASILE

Un frolique? pour bâtir quoi?

GÉLAS

Des bateaux de pêche aux pêcheux qu'avont vu périr leur avoir, corps et biens.

Les trois rient, avalent une dernière gorgée et sortent en chantant. Sarah est seule devant ses cartes.

SARAH

Ils le rebâtiront le bâtiment à Basile, c'est écrit là-dedans. Et ils feront leur frolique en plein carême, comme d'accoutume. Tant qu'à ça, j'ons de quoi au pays réparer les péchés du monde à mesure.

Elle tourne une carte et reste surprise.

Ben... je m'attendais plutôt à la dame de pique.

Entre Maria portant un sac de cuir. Elle le pose, regarde autour, ne voit personne, même pas Sarah qui s'est éclipsée, puis sort du sac un habit de sœur.

MARIAAGÉLAS

C'est la Sœur Aurélie qui va en avoir des coliques! Ben elle avait beau point laisser ça traîner dans la chapelle, ça donne des idées.

Arrive Bidoche. Maria s'empresse de cacher l'habit dans le sac.

MARIAAGÉLAS

Salut, Bidoche.

BIDOCHE

Allô, Maria. Où c'est que tu vas avec ton sac?

MARIAAGÉLAS

À la chasse.

BIDOCHE

Oh!... À l'ours?

MARIAAGÉLAS

Ben non, Bidoche, aie pas peur, rien qu'au loup-marin, sus la baie. Veux-tu venir avec moi?

BIDOCHE

Non... la glace est trop mince.

MARIAAGÉLAS

Trop mince?... tu crois? Je pense qu'y a point de danger... encore pour quelques jours... Et puis, faut ben gagner sa vie, hein? Pour ça, une personne doit prendre des risques.

BIDOCHE *effrayé*

Tu y vas tout seule?

MARIAAGÉLAS

Quasiment... Peut-être que j'amènerai Casse-Cou pour transporter les peaux... et me sortir de l'eau si je timbe, mais Casse-Cou, il compte pas... *(Elle le voit de plus en plus épouvanté, alors elle charge:)* ...Je veux dire que si jamais il nous arrivait de quoi au large, sus les glaces, c'est moi que les genses des côtes regretteriont le plus et se mettriont à chercher... Si de quoi arrivait, Bidoche, faudrait les avertir que je suis partie par là, par le nordet.

BIDOCHE

...Par ...par le nordet?

MARIAAGÉLAS

Comment tu vas leur dire ça, Bidoche?

BIDOCHE

Leur dire ?...

MARIAAGÉLAS

Tu vas dire : Mariaagélas a pris par le nordet sus la baie, sus les glaces, à la chasse aux loups-marins... pour la peau... Non, laisse faire les détails, tout le monde sait que c'est pour la peau... Répète.

BIDOCHE

Quoi ?...

MARIAAGÉLAS

Répète ce que tu vas leur dire quand c'est qu'ils s'apercevront que j'ai bâsi depuis quelques jours... Mariaagélas est partie sus les glaces... trop minces...

BIDOCHE

...partie sur les glaces...

MARIAAGÉLAS

...aux loups-marins...

BIDOCHE

...aux loups-marins...

MARIAAGÉLAS

...et les glaces avont dû l'emporter.

BIDOCHE

...et les glaces...

Il éclate en sanglots et se sauve. Maria lui crie.

MARIAAGÉLAS

Dis-le surtout à la Veuve à Calixte et au connestable Ferdinand!... Pauvre Bidoche! il m'aimait bien, lui, et me regrettera. Asteure c'est le temps de prendre le voile et de partir avant que le village se mette déjà à me chercher.

Elle revêt l'habit religieux tout en sifflant «Prends ma couronne.» On entend le bruit de la Ford qui freine. Maria lève la tête, sourit, puis prend un air pieux et recueilli. Entre Casse-Cou chargé de bouteilles. En apercevant Maria, il veut se signer et laisse échapper une cruche.

CASSE-COU

Mon Djeu Maria purissima!

MARIAAGÉLAS, *digne*

C'est tout ce que vous trouvez à dire, bedeau? Vous saviez ouère point ce que vous alliez trouver sus le quai à matin?

CASSE-COU

Un homme a beau saouère... il s'accoutume point.

MARIAAGÉLAS

Faudra pourtant t'accoutumer à pire.

CASSE-COU

Pire?

MARIAAGÉLAS

Tu sais donc pas à qui c'est que j'allons livrer c'te marchandise, aux lignes?

CASSE-COU

À Al Capone?

MARIAAGÉLAS

À personne d'autre qu'en personne à... chut! *(Elle regarde au loin.)* Je crois que j'ons déjà un ange qui renifle nos pistes. All Aboard! et que le bon Dieu nous bénisse!

CASSE-COU

Le Seigneur soit parmi nous!

Les deux sortent en riant. Bruit de moteur qui s'éloigne. Entre la Veuve.

VEUVE, *marmonnant des prières*

Je confesse à Dieu, Père tout-puissant, créateur du ciel et de la terre... *(Elle s'arrête et regarde.)* Quoi c'est que ça? Les Gélas s'avont point encore débarrassés de c'te vieille Ford? Ils l'avont pourtant cognée à tous les poteaux des côtes, y compris ceux-là de ma galerie. Et, c'te fois-là, en plusse, ils l'avont fait exprès... Avec tout ça, ils m'avont distrait de ma confession. Où c'est que j'étais rendue? Je confesse à Dieu... ma confession pascale... je veux point arriver faire mes pâques en même temps que les vieux renards, tout de même... Y en a qui s'amèneront le matin de la Trinité, comme tous les ans, à la même date; ça espère le dernier jour accordé pour faire ses pâques et point se trouver hors de l'Église, les mécréants... Père tout-puissant, créateur du ciel et de la terre.. quand je pense que c'te terre-là est la même pour les élus et les damnés, ça me fait frissonner... et en Jésus-Christ son fils unique Notre-Seigneur qui a été conçu du Saint-Esprit... pardonnez-moi parce que j'ai péché... Mon père, je m'accuse... ma confession pascale... une confession générale, une fois l'an, c'est point trop pour nous remettre sus le piton et nous débarrasser de tout le mauvais sang qu'un chrétien arrive à se faire dans une année en voyant ce qui se passe autour de lui... Pardonnez-leur, Seigneur, car ils ne savent ce qu'ils font... même si je suis sûre, moi, qu'ils le savont très bien. Personne me fera accroire que les pêcheux hors-la-loi, et les buveux de flocatoune et les jureux et coureux de galipotte savont point ce qu'ils faisont. Heh!... Mon père, je m'accuse... y a deux semaines que je suis pas allée à confesse, j'ai fait ma pénitence et j'ai reçu l'absolution. Je m'accuse... Les Gélas, ils sont aveugles, ceux-là? et savont point ce qu'ils faisont ?... C'est point à moi, la Veuve, qu'ils feront des accroires. Oh non ! Point à la Veuve à Calixte.

La lumière tombe doucement sur elle, pendant qu'on entend de la musique qui sort de la forge. Puis la porte s'ouvre, les hommes sortent en riant. Fête de nuit. Ils sont tous là, sauf Maria, Casse-Cou, la Veuve et Bidoche.

BASILE

Ah ! pour un frolique, ça c'est un frolique. J'en ai jamais vu un pareil.

GÉLAS

C'est parce que t'avais encore jamais perdu ton bâtiment.

FERDINAND

Va-t'en pas perdre celui-ci, c'est le mieux tourné que j'ai jamais vu.

POLYTE

Ah ! pour ça il a raison. Ça ressemble plus une jument qu'un bateau.

BASILE

Si c'était point de blasphêmer, je dirais que ç'a des flancs qui ressemblent à... *(Il fait le geste.)*

Rires coupés par l'arrivée d'un Bidoche trempé et ahuri.

SARAH

Bidoche! Quoi c'est qui t'a arrivé?

BIDOCHE

...C'est ...c'est Mariaagélas.

GÉLAS et FERDINAND, *inquiets*

Maria?

FERDINAND

Où c'est qu'est Maria?

Gélas le dévisage, jaloux.

SARAH

Reprends tes sens, Bidoche, et dis-nous ce que tu sais.

BASILE

D'où c'est que tu viens?

POLYTE

Il a timbé à l'eau.

FERDINAND

Parle, Bidoche, aie pas peur.

BASILE

Quelqu'un aurait point de quoi à i' faire boire?

BIDOCHE

Sus la glace... elle est partie sus la glace... au nordet...

SARAH

Mon doux séminte! Elle manque depuis trois jours.

BASILE

Faisons une battue.

POLYTE

Les glaces sont ben minces en c'te saison.

À partir d'ici, Gélas, qui a compris, suit la scène, distant et amusé. Tandis que Ferdinand est de plus en plus inquiet.

FERDINAND

Comment tu le sais, Bidoche?

BASILE

Parle.

POLYTE

Vas-y, Bidoche.

SARAH

Laissez-le tranquille. D'où c'est que tu viens, Bidoche?

BIDOCHE

Chercher Maria.

SARAH

Où?

BIDOCHE

Sus la glace... qu'a cassé.

FERDINAND

Mon Dieu! Tu l'as vue? Où c'est qu'elle était au juste?

SARAH

Parle, Bidoche.

BIDOCHE, *qui récite*

Mariaagélas est partie sus les glaces, aux loups-marins, et les glaces l'avont emportée.

BASILE

Comment tu le sais que les glaces l'avont emportée?

BIDOCHE

Elle l'a dit.

POLYTE

Il déparle !

Arrive la Veuve.

VEUVE

Pouvez-vous me dire quoi c'est qui se passe ?

BASILE

Mariaagélas a bâsi.

VEUVE

C'est toutte ? Ben c'est point la première fois.

SARAH

Mais cette fois-citte, ça pourrait être pour de bon.

VEUVE

Bon débarras.

FERDINAND, *furieux*

Ce qu'on veut dire, la Veuve, c'est que cette fois, il est peut-être arrivé un malheur.

BASILE

Oui, la Veuve, un malheur... tu sais ce que ça veut dire ?

POLYTE

Les glaces sont fragiles à la fonte des neiges.

FERDINAND

Faut partir à sa rescousse.

BASILE

Où ça?

FERDINAND

Sur les glaces, bon Dieu.

BASILE ET POLYTE

Sus les glaces?

FERDINAND

Vous voulez pas me dire que vous allez la laisser se démener tout' seule... en pleine mer... on peut pas laisser faire ça.

Durant cette scène entre les hommes, la Veuve examine Gélas qui se tient à l'écart.

FERDINAND

Que les volontaires viennent avec moi. On prendra par le nordet. Avec des pics, des fanals...

Les autres gardent silence et fixent le bout de leurs pieds. Alors Ferdinand se décide.

FERDINAND

Dans ce cas-là, j'irai tout seul.

TOUS

Tout seul ?

FERDINAND

C'est moi le connestable... depuis tout le temps que vous me le dites. Et puis...

BASILE, *entre ses dents*

...Et puis Maria, c'est une sacrée belle fille.

On voit sur le visage de Gélas une pointe de jalousie. On voit maintenant la Veuve parler à Bidoche à l'écart.

GÉLAS, *à Ferdinand*

Risque pas ta vie sus les glaces du printemps, jeune homme, les courants sont ben traîtres à cette saison... encore plus traîtres que la plus belle fille du pays. Je connais ça. Risque pas ta vie.

Gélas s'éloigne, suivi de Basile, Polyte et Bidoche.

BASILE, *en s'éloignant*

Allons faire une battue sus la côte.

FERDINAND

Une battue sus la côte! Pas risquer sa vie sur les glaces! Mais quelle sorte de glace qu'ils ont dans les veines, ceux-là! Quels sont les loups-marins qui ont pu l'attirer au large en pareille saison?... J'irai tout seul, mais j'irai!

VEUVE

Tut-tut-tut! Vous y allez, la belle affaire! Risquer sa vie pour une forlaque.

FERDINAND, *hors de lui*

Ça suffit, la Veuve! C'est pas le temps de montrer le fond de votre cœur, s'il est pas capable de frémir en pensant à l'une des vôtres qu'est tout' seule là-bas, en mer, et qui est en péril! Vous avez point de sentiments, personne, même pas son grand-père Gélas?

VEUVE

Justement, c'est ça qui aurait dû vous rouvrir les yeux: le Gélas. Le Gélas qu'a pas levé un usse en apprenant la nouvelle. Faut point connaître votre monde, connestable, pour croire qu'un Gélas se laisserait couper son bras droit sans rechigner.

FERDINAND

Parlez clair, la Veuve.

VEUVE

Encore plus clair que ça? Ça se voit que vous êtes point du pays... Si Mariaagélas était en dan-

144

ger, je connais assez son bootlegger de grand-père pour savoir qu'il gigoterait plus que ça. Il est mécréant et vicieux, mais il tient à son monde.

FERDINAND, *qui commence à comprendre*

Vous voulez dire...

VEUVE

De point vous mettre les sangs à l'envers pour une fille des Gélas qui fait semblant de bâsir... ça pourrait faire croire au monde que... Si vous voulez mon dire, elle est point partie aux loups-marins, Mariaagélas. Je peux même vous dire à quel endroit la chercher. La bootleggueuse décharge au bout de la dune la première goélette du printemps. *(Elle dit, en sortant:)* C'est ben jeune pour s'en venir faire la loi et prétendre connaître la mentalité des côtes.

FERDINAND, *bouche bée*

Hé ben, la forlaque!

Il sort en riant de soulagement. Il croise Bidoche qui lui montre un sac de cuir noir.

BIDOCHE

...C'est ...c'est les hardes de sœur à la Sœur Aurélie...

Ferdinand prend le sac, l'ouvre, et entraîne Bidoche avec lui.

145

FERDINAND

Viens me montrer où c'est que t'as trouvé ça, Bidoche.

Sarah s'approche de ses cartes, en tourne quelques-unes, recommence puis s'affole.

SARAH

Seigneur Dieu! Je peux pas laisser faire ça. J'ai encore jamais vu un pareil jeu. Je brasse, je coupe, j'épare, mais …depuis quelque temps, c'est ben malaisé à comprendre. Maldonne! maldonne! Faut que je recommence… À quoi ça servira? La main m'échappe, les cartes m'obéissont plus. Sorcière ou pas, je contrôle plus mon jeu… Quoi c'est qu'il a dans l'idée itou, le Ferdinand? Et le Gélas, et le Basile, ils allont-i' laisser faire ça?… Il est grand temps que la Maria ersoude.

Bidoche accourt en criant, suivi de Basile et Polyte qui portent en triomphe Maria. Gélas et Casse-Cou ferment la procession. Alors Sarah se joint au groupe. Il ne manque que la Veuve et Ferdinand.

BIDOCHE

J'ons trouvé Maria! Maria est revenue!

POLYTE

Revenue la Remaria!

BASILE

C'est point nous autres qu'allions quitter les glaces emporter la plus belle fille du pays. C'est pas parce que j'ons point nos cabanes du même bord du pont...

POLYTE

...ni que je trafiquons les mêmes choses sus l'eau...

GÉLAS, *qui joue*

Tu nous as fait l'une de ces peurs, petite vaurienne. Où c'est que t'avais passé?

MARIAAGÉLAS

Ouf! passé... passé proche d'y rester.

BIDOCHE

Raconte, Maria.

Maria prend bien son temps, étudie la situation, puis se lance dans un récit qu'elle invente à mesure et qu'elle rend plein de sous-entendus à l'adresse de son grand-père.

MARIAAGÉLAS

Bon, ben... c'est comme ça, un jour, un beau matin, je me décide d'aller à la chasse aux loups-marins.

SARAH

En pleine fonte des neiges, faut-i' ben!

GÉLAS

Ç'a-t-i' du bon sens!

BASILE

Quittez-la parler.

MARIAAGÉLAS

J'ai marché durant un jour et une nuit...
marche, pis marche, pis marche...

CASSE-COU

...Hum-hum...

MARIAAGÉLAS

Rien. Rien que le paysage à perdre la vue.
Tout d'un coup, je lève les yeux et quoi c'est que
j'aperçois?

TOUS

Quoi?...

MARIAAGÉLAS

Les lignes!

BASILE ET POLYTE

Des lignes?

MARIAAGÉLAS

Des lignées de loups-marins, ben droites, ben enlignées... et qui m'avisiont droit dans les yeux.

LES AUTRES

Oh! Sapristie!

SARAH

Mais des loups-marins, ça attaque point.

MARIAAGÉLAS

Ça attaque pas, mais ça fouille.

CASSE-COU

Ça fouine dans la neige pour se trouver à manger.

GÉLAS

Et ç'a-t-i' trouvé de quoi?

MARIAAGÉLAS

Pas sus moi en tout cas. C'est point Maria-agélas qui va se laisser dévorer par des loups de mer.

SARAH

Les loups-marins mangeont point le monde.

BIDOCHE

Conte, Maria.

MARIAAGÉLAS

Ça fait que là... j'ai pris mon temps, je m'ai dit en moi-même : Maria, il faut passer à travers de ça... j'étais tout fin seule...

CASSE-COU

...Quasiment...

BASILE

Mais les glaces avont point cassé ?

MARIAAGÉLAS

Cassé ! c'est pas le mot. Craqué... crac-crac... un vrai tremblement de terre. J'entendais comme des voix autour de moi... ça bourdonnait dans mes oreilles... who are you ? what d'you want ?... c'était la mer qui hurlait.

BASILE

C'est vrai que la mer hurle des fois.

MARIAAGÉLAS

Et là, je m'ai aperçu que je partais dans le courant... en plein océan... atlantique.

POLYTE

Atlantique, par-dessus le marché ! t'as qu'à ouère !

MARIAAGÉLAS

Et là...

CASSE-COU

...t'arrives face à face...

MARIAAGÉLAS

...avec la vache-marine.

TOUS

La vache-marine!... au mitan des loups-marins!... Diable!

GÉLAS

Et quoi c'est qui s'est passé avec la vache?

MARIAAGÉLAS

Un beau discours entre nous, chacun sus son glaçon.

BIDOCHE

Conte, Maria, conte!

MARIAAGÉLAS

On s'est regardés, tous les deux, je l'ai ben reconnu... belle grand' vache... pis le vent s'a élevé... j'ai manqué partir dans le courant, vers le sû...

Arrive la Veuve en trombe.

GÉLAS

Boutonnez-vous, v'là que le vent annonce l'ouragan.

VEUVE

Quoi c'est que j'entends dire? Comme ça notre écartée est rentrée au logis?

BASILE

Oui, la Veuve, et c'te fois-citte, c'est point tes lampions qui l'avont dénigrée; c'est nos fanals.

VEUVE

Vos fanals, hein?

POLYTE

Au bord de la côte, quasiment évanouie sus les glaces.

VEUVE

Tiens, tiens... Et comment c'est qu'elle s'en est revenue jusqu'à la côte, la disparue? Point en bicycle à pets toujou' ben?

Basile et Polyte sont perplexes, les autres inquiets.

152

VEUVE

Par rapport que j'avais entendu dire que la Mariaagélas était perdue en mer, sus les glaces...

BASILE

C'est ça...

VEUVE

Perdue en mer... et comment c'est qu'elle est rentrée? Par rapport que j'ai entendu dire itou que le doux temps a fondu toutes les glaces du bord de la côte ces derniers jours... Asteure, pouvez-vous me dire comment c'est qu'une personne...

GÉLAS

...Une personne qui voit revenir une fille du pays rapportée disparue devrait commencer par s'émoyer de sa santé, ça me semble, avant toute autre chose... si elle a du cœur à l'endroit des poumons.

VEUVE

Ben une personne qui a de l'entendement à l'endroit des méninges sait sans se forcer qu'une personne flotte point au printemps sus des glaces fondues; et que si c'te personne-là est perdue au large, y a des grandes chances qu'elle ressoude point dans le vent, un lundi matin, comme une ligne à hardes.

POLYTE

Je comprends plus rien, moi.

BASILE

Moi, si fait, je commence à comprendre.

BIDOCHE

Conte, Maria, conte!

BASILE

Qui c'est qui peut nous éclairer?

VEUVE

Pourquoi pas Maria en personne?

MARIAAGÉLAS

Par rapport que Maria en personne a point de comptes à rendre aux braconniers et pêcheux de femelles et de petits homards.

BASILE

Hey, hey! prends garde à ta langue, Maria-agélas. C'est point les bootleggers de contrebandiers de runneux de rhum qui allont s'en venir déclarer à la loi une douzaine de trappes perdues en mer.

MARIAAGÉLAS

Une douzaine de trappes, hein? Et les filets à saumons? et les battures d'huîtres?

BASILE

Oh!... et vos barils cachés dans mon champ de blé d'Inde sans m'avertir?

La Veuve, devant cette lutte, triomphe.

VEUVE

Le v'là le beau pays que nos aïeux avont mis au monde! Du braconnage d'un bord, de la contrebande de l'autre. Quand c'est que j'allons apprendre à vivre comme des civilisés? et à honorer Dieu? et à respecter la loi?

GÉLAS

Suffit, la Veuve! Pour faire respecter la loi, j'ons quelqu'un de nommé pour ça.

VEUVE

Et qui fait son devoir à l'heure qu'on parle, le connestable nommé pour ça.

Tous réagissent, inquiets.

MARIAAGÉLAS

Où ça?

VEUVE

En mer, où c'est que tu crois!

GÉLAS

En mer?

BASILE

Sacordjé! il y a été!

MARIAAGÉLAS, *affolée*

Où c'est qu'il a été?

GÉLAS, *abattu*

Il est parti à ta recherche sur les glaces, Maria.

BASILE

J'ons essayé de l'en empêcher...

MARIAAGÉLAS, *hors d'elle*

Non! Pas sus les glaces! Il va périr! Les glaces pouvont point porter un homme en c'te saison!

VEUVE

Mettez-vous point à l'envers... il est pas sur les glaces.

BASILE

T'as dit en mer...

La Veuve savoure sa victoire.

VEUVE

Il est entre le large et la dune, le connestable, à guetter une certaine goélette qu'un certain capitaine va essayer de faire accoster de soir.

156

GÉLAS, *terrorisé*

Comment tu sais ça, la Veuve?

VEUVE

Je sais quoi?

GÉLAS

Ce que tu viens de rapporter.

MARIAAGÉLAS

Où c'est qu'est Ferdinand?

VEUVE

À la goélette, je viens de vous le dire.

SARAH

Et comment tu le sais?

VEUVE

Par rapport que je l'y ai envoyé moi-même.

Tous sont atterrés.

GÉLAS

T'as envoyé Ferdinand en mer, de soir?

VEUVE

Et pourquoi pas de soir? Si vous croyez que j'ai les yeux fermés, moi! Je suis point aveugle

pour ignorer le va-et-vient sus l'eau …et point connaître le genre d'individus qui déchargeront sus la
dune…

GÉLAS

Le genre d'individus, tu dis ? Tu les connais ?
Et malgré ça tu leur a garroché un officier dans les
pattes ? Tu le connais, Crache-à-pic ?

MARIAAGÉLAS, *épouvantée*

Non !!

VEUVE

Quoi c'est que c'ti-là ?

GÉLAS

Et tu les connais !… Eh ben, laisse-moi t'avertir, la sainte femme de sacristie, que c'te mort-là
tu l'emporteras point en paradis. Crache-à-pic est
à bord de la goélette qui mouille au large c'te nuit,
le Crache-à-pic des îles Saint-Pierre et Miquelon
qui règne sus toute la mer qui chatouille nos
côtes, et qui quittera point un connestable, que
Dieu aie son âme, lui barrer le chemin. La mort
de Ferdinand, tu peux aller t'en confesser droit
asteur, la Veuve ; mais à la place du prêtre, je
t'accorderais point l'absolution.

La Veuve en reste éberluée ; et tous les autres,
figés d'épouvante.

BASILE

Rien que je pouvons faire ?

GÉLAS

Trop tard.

BIDOCHE, *en larmes*

Conte, Gélas, conte.

Maria est seule, devant les cartes de Sarah, et sanglote.

BIDOCHE

Qui c'est qu'a tué Ferdinand ? Qui c'est qu'a tué Ferdinand ?

BASILE

Les bootleggers qui faisont la run de rhum sus les côtes.

GÉLAS

Les lâches et feignants qui l'avont quitté partir tout seul en mer avec un fanal.

SARAH

Les cartes qui s'avont mêlées sans que je pouvis rien faire et avont brouillé le destin.

MARIAAGÉLAS

Non!... ni les pêcheux, ni les bootleggers, ni les cartes... Mais la Veuve! La garce qui l'a envoyé en mer, le Ferdinand, et qui l'a tué!

Elle se jette sur la Veuve et frappe à toute volée. Les hommes essayent de la retenir. La Veuve hurle.

BASILE

Arrête, Maria, tu vas l'achever.

POLYTE

Quoi c'est qui la prend?

GÉLAS

Calme-toi, Maria. J'ons assez d'un mort aujourd'hui.

VEUVE

Elle m'a cassé un autre dent!

GÉLAS

Mais c'te fois-citte, tu te l'arracheras tout' seule, ma grand' bringue!

Gélas s'approche de Maria et lui parle tendrement.

GÉLAS

De toute manière, Maria, tu sais que vous étiez pas du même bord...

Elle avale ses larmes mais ne répond pas. Chacun entoure Maria comme pour une veillée des morts.

GÉLAS

...Pas du même bord, il pouvait rien faire pour toi, ni pour nous autres, rien faire de plus... Il a fait ce qu'il avait à faire. Il a même mis sa vie en pèri, pour toi.

SARAH

Il l'a mis pour tout vous autres, bande de taureaux encornés que vous êtes !

BASILE

Y aura plus personne pour nous bailler à boire en cachette à même les cruches saisies aux bootleggers...

POLYTE

...ni pour nous débarrasser des revenants de la Toussaint...

CASSE-COU

...ni pour nous prendre en chasse entre le chemin du roi et le chemin des Amoureux.

Apparaît Ferdinand au fond de la scène en portant le sac de cuir noir. Seul Bidoche le voit.

BIDOCHE

Ferdinand ! Ferdinand ! Conte, Ferdinand !

CASSE-COU

Taise-toi, Bidoche.

BASILE

Il reviendra plus, Ferdinand.

POLYTE

Plus jamais.

GÉLAS

Et c'est notre faute, à tout le monde.

FERDINAND, *imitant le fantôme*

Hou-hou !...

Panique générale qui se change aussitôt en liesse.

TOUS

Ferdinand ! Il est en vie ! Le revenant est revenu !

*Maria s'élance pour se jeter dans ses bras,
mais s'arrête au dernier moment.*

MARIAAGÉLAS, *coquette*

Apparence qu'y aurait des officiers assez fous pour s'en aller sus les glaces, la nuit, risquer leur peau pour sauver la peau des autres?

FERDINAND

Ça serait pas si fou que ça... mais ils ont pas eu à la risquer, parce qu'ils ont vite appris, les officiers, que les autres traînaient pas leur peau sus les glaces.

MARIAAGÉLAS

Pas sus les glaces, mais au bout de la dune.

FERDINAND

Ni sur la dune ni en mer.

VEUVE

Ben où c'est qu'elle était, la forlaque?

FERDINAND

Elle était allée se faire sœur.

Il sort l'habit religieux du sac de cuir.

TOUS

Quoi? Maria au couvent? Quoi c'est qu'il raconte?

SARAH

Hi, hi, hi!

FERDINAND

Mais sa vocation a pas duré. Déjà défroquée.
La dévotion est pas donnée à tout le monde.

BASILE

Ah! c'est là qu'elle avait bâsi.

POLYTE

Qui c'est qui l'aurait cru!

VEUVE

Ils me feront jamais accroire ça.

FERDINAND

Et dans un couvent américain en plus.

MARIAAGÉLAS

Y en a qui sont fortement renseignés. Faut
croire qu'ils avont mis leur nez dans des affaires
qui les regardont pas.

FERDINAND

Le nez et les pieds. Et ils ont même réussi à
parler au portier du couvent et à apprendre le nom
de la Mère supérieure et quasiment de la Générale: quelque chose comme Mère Saint-Vital.

BASILE

C'est ben vrai qu'elle y a été, la petite godêche.

FERDINAND

J'en ai même profité pour rapporter des affaires qu'elle avait oublié aux lignes.

POLYTE

Les lignes?

MARIAAGÉLAS

Je vois pas ce qu'un connestable va faire dans
les couvents, surtout américains.

FERDINAND

La même chose que les Gélas, mais à re-
bours.

GÉLAS

C'est ben comme je disais: que chacun gardit
sa place, et le pays s'ennuyera pas.

FERDINAND

Les places changent, comme le monde. Même
les lois vont changer bien vite. J'ai justement appris là-bas que les gouvernements sont sur le point
d'abolir la prohibition.

GÉLAS

Godêche !

SARAH

Enfin une bonne nouvelle.

VEUVE, *furieuse*

Quoi !!!

FERDINAND

Peut-être alors que ça devient possible de vivre ensemble sans se chamailler, sans être ennemis... *(Pour Maria.)* Peut-être qu'on peut rêver qu'un jour on ira ensemble à la chasse aux loups-marins, sur les glaces, la nuit...

MARIAAGÉLAS

...Peut-être...

FERDINAND, *tendre*

C'est un si beau pays qu'il me semble que c'est trop bête d'y vivre malheureux.

GÉLAS

Personne est malheureux, c'est pas vrai... pas sus les Gélas, en tout cas.

Maria se tourne d'un coup sec et fait face à son grand-père.

MARIAAGÉLAS

Pas sus les Gélas? Et moi, je suis quoi?

GÉLAS

Une Gélas, la plus vaillante, la plus rusée, la plus hardie... la plus Gélas des Gélas.

MARIAAGÉLAS

Plus que tes garçons qu'avont péri en mer?

GÉLAS

Plus que mes garçons.

MARIAAGÉLAS

Plus que Claraagélas, ta fille?

GÉLAS

Plus que ma propre fille Clara.

FERDINAND

Plus Gélas que le vieux Gélas lui-même?

Gélas et Maria lui font face.

MARIAAGÉLAS

Assez Gélas pour donner du fil à retordre à la loi, aussi longtemps que la loi sera point du bord des Gélas.

FERDINAND

Et quand la loi changera de bord?

MARIAAGÉLAS

Mariaagélas sera plus la fille à personne.

FERDINAND, *inquiet*

À personne?

MARIAAGÉLAS

Hormis à c'ti-là qu'elle aura elle-même choisi.

Soupir de bonheur chez Ferdinand, de résignation chez Gélas. Mais aussitôt, Maria se ressaisit et dit en défiant:

MARIAAGÉLAS

Mais en attendant, c'est Maria qui mènera ses affaires.

FERDINAND, *même ton*

Et c'est le connestable qui y mettra ordre.

VEUVE

Espérez qu'ils m'ayont arraché ma dent, et vous verrez ce qu'elle va vous dire, la Veuve à Calixte!

Gélas se frotte les mains et tous se mettent en position de s'affronter. Sarah retourne seule à ses cartes.

SARAH

Deux dames... deux rois... valets, joker... un as, tiens! ...et du cœur, du cœur à vous rendre tous fous!

Rideau

Montréal, 4 décembre 1980

169

TABLE

Création 7

Lieux et décor 7

Personnages 8

Distribution 9

Note biographique sur l'auteur 10

La contrebandière 15

Acte I 17

Acte II 109

DU MÊME AUTEUR

Pointe-aux-Coques, roman. Montréal, Fides, 1958; Leméac, 1972 et 1977.

On a mangé la dune, roman. Montréal, Beauchemin, 1962; Leméac, 1977.

Les Crasseux, théâtre. Montréal, Holt & Rinehart, 1968; Leméac, 1973.

La Sagouine, monologues. Montréal, Leméac, 1971, 1973, 1974.

Rabelais et les traditions populaires en Acadie, thèse de doctorat. Québec, Les Presses de l'Université Laval, 1971, 1980.

Don l'Orignal, roman. Montréal, Leméac, 1972.

Par derrière chez mon père, contes. Montréal, Leméac, 1972.

L'Acadie pour quasiment rien, guide touristique et humoristique. Montréal, Leméac, 1973.

Mariaagélas, roman. Montréal, Leméac, 1973.

Gapi et Sullivan, théâtre. Montréal, Leméac, 1973. *(épuisé)*

Les Crasseux, (nouvelle version), théâtre. Montréal, Leméac, 1974.

Emmanuel à Joseph à Dâvit, récit. Montréal, Leméac, 1975.

Évangéline Deusse, théâtre. Montréal, Leméac, 1975.

Mariaagélas, roman. Paris, Grasset, 1975.

La Sagouine, monologues. Paris, Grasset, 1976.

Gapi, théâtre. Montréal, Leméac, 1976.

Les Cordes-de-Bois, roman. Montréal, Leméac, 1977; Paris, Grasset, 1977.

La Veuve enragée, théâtre. Montréal, Leméac, 1977.

Le bourgeois gentleman, théâtre. Montréal, Leméac, 1978.

Pélagie-la-Charrette, roman. Montréal, Leméac, 1979; Paris, Grasset, 1979.

DANS LA MÊME COLLECTION

1. *Zone* de Marcel Dubé, 1968, 187 p.
2. *Hier, les enfants dansaient* de Gratien Gélinas, 1968, 159 p.
3. *Les Beaux Dimanches* de Marcel Dubé, 1968, 189 p.
4. *Bilan* de Marcel Dubé, 1968 et 1978, 185 p.
5. *Le Marcheur* d'Yves Thériault, 1968, 111 p.
6. *Pauvre Amour* de Marcel Dubé, 1969, 161 p.
7. *Le Temps des lilas* de Marcel Dubé, 1969, 179 p.
8. *Les Traitants* de Guy Dufresne, 1969, 177 p.
9. *Le Cri de l'engoulevent* de Guy Dufresne, 1969, 141 p.
10. *Au retour des oies blanches* de Marcel Dubé, 1969, 189 p.
11. *Double Jeu* de Françoise Loranger, 1969, 213 p.
12. *Le Pendu* de Robert Gurik, 1970, 109 p.
13. *Le Chemin du Roy* de Claude Levac et Françoise Loranger, 1969, 135 p.
14. *Un matin comme les autres* de Marcel Dubé, 1971, 183 p.
15. *Fredange* suivi des *Terres neuves* d'Yves Thériault, 1970, 147 p.
16. *Florence* de Marcel Dubé, 1970, 153 p.
17. *Le Coup de l'étrier* et *Avant de t'en aller* de Marcel Dubé, 1970, 127 p.
18. *Médium Saignant* de Françoise Loranger, 1970, 139 p.
19. *Un bateau que Dieu sait qui avait monté et qui flottait comme il pouvait, c'est-à-dire mal* d'Alain Pontaut, 1970, 107 p.

20. *Api 2967* et *la Palissade* de Robert Gurik, 1971, 149 p.

21. *À toi, pour toujours, ta Marie-Lou* de Michel Tremblay, 1971, 94 p.

22. *Le Naufragé* de Marcel Dubé, 1971, 133 p.

23. *Trois Partitions* de Jacques Brault, 1972, 195 p.

24. *Diguidi, diguidi, ha! ha! ha!* et *Si les Sansoucis s'en soucient, ces Sansoucis-ci s'en soucieront-ils? Bien parler c'est se respecter!* de Jean-Claude Germain, 1972, 195 p.

25. *Manon Lastcall* et *Joualez-moi d'amour* de Jean Barbeau, 1972, 98 p.

26. *Les Belles-Sœurs* de Michel Tremblay, 1972, 156 p.

27. *Médée* de Marcel Dubé, 1973, 124 p.

28. *La Vie exemplaire d'Alcide I*er*, le Pharamineux, et de sa proche descendance* d'André Ricard, 1973, 174 p.

29. *De l'autre côté du mur* suivi de cinq courtes pièces de Marcel Dubé, 1973, 215 p.

30. *La Discrétion, la Neige, le Trajet* et *les Protagonistes* de Naïm Kattan, 1974, 137 p.

31. *Félix Poutré* de L.-H. Fréchette, 1974, 135 p.

32. *Le Retour de l'exilé* de L.-H. Fréchette, 1974, 111 p.

33. *Papineau* de L.-H. Fréchette, 1974, 155 p.

34. *Veronica* de L.-H. Fréchette, 1974, 133 p.

35. *Si les Canadiennes le voulaient!* et *Aux jours de Maisonneuve* de Laure Conan, 1974, 159 p.

36. *Cérémonial funèbre sur le corps de Jean-Olivier Chénier* de Jean-Robert Rémillard, 1974, 118 p.

37. *Virginie* de Marcel Dubé, 1974, 157 p.

38. *Le Temps d'une vie* de Roland Lepage, 1974, 153 p.

39. *Sous le signe d'Augusta* de Robert Choquette, 1974, 135 p.

40. *L'Impromptu de Québec ou le Testament* de Marcel Dubé, 1974, 195 p.

41. *Bonjour, là, bonjour* de Michel Tremblay, 1974, 107 p.

42. *Une brosse* de Jean Barbeau, 1975, 113 p.

43. *L'été s'appelle Julie* de Marcel Dubé, 1975, 147 p.

44. *Une soirée en octobre* d'André Major, 1975, 91 p.

45. *Le Grand Jeu rouge* d'Alain Pontaut, 1975, 133 p.

46. *La Gloire des filles à Magloire* d'André Ricard, 1975, 151 p.

47. *Lénine* de Robert Gurik, 1975, 114 p.

48. *Le Quadrillé* de Jacques Duchesne, 1975, 185 p.

49. *Ce maudit Lardier* de Guy Dufresne, 1975, 167 p.

50. *Évangéline Deusse* d'Antonine Maillet, 1975, 109 p.

51. *Septième Ciel* de François Beaulieu, 1976, 107 p.

52. *Les Vicissitudes de Rosa* de Roger Dumas, 1976, 119 p.

53. *Je m'en vais à Regina* de Roger Auger, 1976, 83 p.

54. *Les Héros de mon enfance* de Michel Tremblay, 1976, 103 p.

55. *Dites-le avec des fleurs* de Jean Barbeau et Marcel Dubé, 1976, 125 p.

56. *Cinq pièces en un acte* d'André Simard, 1976, 147 p.

57. *Sainte Carmen de la Main* de Michel Tremblay, 1976, 83 p.

58. *Ines Pérée et Inat Tendu* de Réjean Ducharme, 1976, 122 p.

59. *Gapi* d'Antonine Maillet, 1976, 101 p.

60. *Les Passeuses* de Pierre Morency, 1976, 127 p.

61. *Le Réformiste ou l'Honneur des hommes* de Marcel Dubé, 1977, 143 p.

62. *Damnée Manon, sacrée Sandra* et *Surprise! Surprise!* de Michel Tremblay, 1977, 118 p.

63. *Qui est le père?* de Félix Leclerc, 1977, 122 p.

64. *Octobre* de Marcel Dubé, 1977, 81 p.

65. *Joseph-Philémon Sanschagrin, ministre* de Bertrand B. Leblanc, 1977, 105 p.

66. *Dernier Recours de Baptiste à Catherine* de Michèle Lalonde, 1977, 137 p.

67. *Le Champion* de Robert Gurik, 1977, 76 p.

68. *Le Chemin de Lacroix* et *Goglu* de Jean Barbeau, 1977, 119 p.

69. *La Veuve enragée* d'Antonine Maillet, 1977, 171 p.

70. *Hamlet, prince du Québec* de Robert Gurik, 1977, 145 p.

71. *Le Casino voleur* d'André Ricard, 1978, 165 p.

72-73-74. *Anthologie thématique du théâtre québécois au xixe siècle* d'Étienne-F. Duval, 1978, 458 p.

75. *La Baie des Jacques* de Robert Gurik, 1978, 157 p.

76. *Les Lois de la pesanteur* de Pierre Goulet, 1978, 181 p.

77. *Kamikwakushit* de Marc Doré, 1978, 128 p.

78. *Le Bourgeois gentleman* d'Antonine Maillet, 1978, 185 p.

79. *Le Théâtre de la maintenance* de Jean Barbeau, 1979, 103 p.

80. *Le Jardin de la maison blanche* de Jean Barbeau, 1979, 129 p.

81. *Une marquise de Sade et un lézard nommé King-Kong* de Jean Barbeau, 1979, 93 p.

82. *Émile et une nuit* de Jean Barbeau, 1979, 95 p.

83. *La Rose rôtie* de Jean Herbiet, 1979, 129 p.

84. *Eh! qu'mon chum est platte!* d'André Boulanger et Sylvie Prégent, 1979, 87 p.

85. *Le veau dort* de Claude Jasmin, 1979, 121 p.

86. *L'Impromptu d'Outremont* de Michel Tremblay, 1980, 115 p.

87. *Rêve d'une nuit d'hôpital* de Normand Chaurette, 1980, 102 p.

88. *Panique à Longueuil* de René-Daniel Dubois, 1980, 121 p.

89. *Une amie d'enfance* de Louise Roy et Louis Saia, 1980, 127 p.

90. *La Trousse* de Louis-Marie Dansereau, 1981, 117 p.

91. *Les vaches sont de braves types*, suivi de trois courtes pièces, de Jean Gagnon, 1981, 139 p.

92. *Isabelle* de Pierre Dagenais, 1981, 113 p.

93. *Faut divorcer!* de Bertrand B. Leblanc, 1981, 112 p.

ACHEVÉ D'IMPRIMER SUR
LES PRESSES DES ATELIERS
MARQUIS DE MONTMAGNY
LE 23 AVRIL 1981 POUR
LES ÉDITIONS LEMÉAC INC.